김상욱,
123일의 기록

12월 3일, 다시 깨어난 김상욱의 정치

김상욱,
123일의 기록

메디치

프롤로그

'특별한 계기'를 통해, 보지 못했던 진실을 마주하고, 사물의 본질과 이치를 알게 되며, 역할에 대한 각성을 얻는 경우가 있습니다.

2024년 12월 3일 비상계엄과 이후 극복 과정은 제게 그런 특별한 계기가 되었습니다. 당연하다고 생각했던 제도와 상식이, 치열한 노력과 희생, 그리고 깨어 있음이 전제되어야만 가능함을 알게 되었고, 지극히 평범한 일상의 소중함을 지켜내기 위해 때론 특별한 희생이 있어야 함을 알게 되었습니다. 비상계엄이라는 극단적 상황은 가장 보수적 배경을 갖고 스스로 보수주의자임을 자부하며, 국민의힘에서 보수 정치를 막 시작한 정치 초년생이 국민의힘을 탈당하고 나아가 민주당이 보수당의 기능을 수행해야 한다는 선언에 이르게 했습니다.

이런 특별한 경험은 비단 저 하나에만 국한되지 않을 것입니다. 많은 시민께서 충격과 당혹스러움을 겪으셨고,

함께 용기내어 행동했으며, 민주주의와 우리의 삶에 대한 성찰을 더하는 시간이었습니다. 그 성찰 덕분에, 우리는 보지 못했던 것을 보고, 당연한 것의 소중함을 깨달았으며, 정의로운 경험을 축적했습니다. 이를 바탕으로 이제 대한민국은 그날의 충격에서 벗어나 더 성숙하고 단단한 민주주의 모범을 세계에 보이고 있습니다.

저는 12월 3일 비상계엄과 이를 극복한 우리의 소중한 경험이 지나간 이벤트로 치부되지 않기를 희망합니다. 정치의 역할과 정치인의 사명, 민주주의의 본체에 대한 이해와 수호 의지, 주권자 시민의 고민과 행동으로 더 많은 '깨어 있음'을 만들어가는 촉매이자 소재가 되기를 희망합니다. 지난 경험을 잊지 않고 기억하고 성찰을 통해 배움을 얻음으로써 우리가 함께 만들어갈 미래는 더 행복할 수 있습니다. 이런 바람으로 2024년 12월 3일부터 2025년 4월 4일까지 123일의 시간과 생각의 흐름을 기록하였습니다.

차례

	프롤로그	6
2024.12.3.	비상계엄의 시작	12
2024.12.3.	계엄군	16
2024.12.3.	계엄을 막아선 우리	19
2024.12.4.	긴박했던 첫 관문, 계엄해제의결	23
2024.12.4.	위대한 시민이 지켜낸 새 아침	28
2024.12.4.	당연한 것의 소중함	31
2024.12.4.	국민의힘 첫 의원총회	34
2024.12.5.	'정치를 왜 하는가'	39
2024.12.5.	국민의힘의 탄핵 트라우마	43
2024.12.7.	첫 탄핵 표결을 앞둔 국민의힘과 윤석열의 담화	47
2024.12.7.	국민의힘 탄핵 표결 불참으로 인한 좌절	52
2024.12.7.	첫 탄핵 표결 참여를 위해 서울역에서 되돌아오며	55
2024.12.7.	무산된 첫 탄핵 표결, 우리는 멈추지 않았습니다	59
2024.12.8.	윤석열 탄핵 가결을 위한 멈추지 않는 걸음	64
2024.12.10.	탄핵 표결 찬성 기자회견	67
2024.12.11.	권선동 원내대표 선출과 국민의힘의 탈선	72
2024.12.12.	상황을 바꾸기 위해 피켓을 들며	76
2024.12.13.	간절함으로	78
2024.12.14.	폭주하는 기관차 윤석열을 멈추었습니다	83

2024.12.15.	내란 극복의 두 번째 관문을 넘어, 세 번째 관문으로	93
2024.12.16.	보수의 재건은 보수 가치 정립에서부터	95
2024.12.18.	윤석열 탄핵을 위한 지리한 기싸움	100
2024.12.19.	보수의 가치를 잃어버린 국민의힘	104
2024.12.22.	남태령 행진 그리고 진영정치에 대한 고찰	107
2024.12.24.	찾아온 크리스마스	111
2025.12.27.	한덕수 탄핵	114
2024.12.28.	국민의힘의 적이 되어	117
2024.12.29.	참담한 항공사고의 날	122
2024.12.31.	아픔과 혼란으로 어두웠던 2024년의 마지막 날	124
2025.1.1.	새로운 한 해의 시작	127
2025.1.2.	무안공항과 용산에 집중된 시선	133
2025.1.3.	윤석열 체포 무산 그리고 민주주의와 독재	135
2025.1.4.	국회소추단의 탄핵소추 사유 일부 철회	140
2025.1.5.	가중되는 민생의 어려움	143
2025.1.6.	한남동 관저 앞 45인	144
2024.1.7.	국가와 국민을 위하지 않고, 지지자를 배신하는 '자기정치'	146
2025.1.8.	권성동 원내대표의 계속된 탈당 요구	150
2025.1.9.	2025년 백골청년단 등장	153
2025.1.10.	최상목과 윤석열의 법치주의 파괴 행위	155
2025.1.11.	극단주의자들의 부정선거론과 중국 혐오에 대하여	157
2025.1.12.	계엄 전으로 돌아간 양당 지지율, 비겁한 거짓 선동 정치	159
2025.1.13.	헌재의 첫 심판개정, 행정안전위원회 사보임	161
2025.1.14.	정치를 잘못 배웠다는 비판에 대하여	172
2025.1.15.	윤석열 체포의 날, 겸양의 정치	174
2025.1.16.	《스카이데일리》의 거짓 보도	177
2025.1.17.	내란특검법 여야 합의 무산	179

2025.1.18.	윤석열 구속영장 실질심사	184
2025.1.19.	윤석열 구속과 시비이해(是非利害), "똑바로 삽시다"	186
2025.1.19.	서울서부지방법원 침탈과 법치주의 붕괴	191
2025.1.21.	윤석열 헌법재판소 탄핵 심판 첫 출석	194
2025.1.22.	국회 내란국정조사특위 첫 청문회	196
2025.1.23.	미국 트럼프 대통령의 취임	198
2025.1.24.	설 명절, 중요한 것은 언제나 민생입니다	201
2025.1.26.	윤석열 구속기소	204
2025.1.27.	민심의 동요와 공인의 역할	206
2025.1.28.	새로운 세상, 9부 능선	208
2025.1.29.	중국의 딥시크 열풍	210
2025.2.1.	고독 속에서 지킨 본분 그리고 결심	212
2025.2.2.	이준석 조기 대선 출마 선언, 권영세·권성동 윤석열 접견	215
2025.2.4.	윤석열의 비화폰 삭제 지시 의혹	217
2025.2.5.	트럼프는 윤석열을 구하지 않아요	219
2025.2.6.	'언더 73' 결성	222
2025.2.7.	김영삼도서관에서 열린 '언더 73' 첫 세미나	225
2025.2.8.	탄핵 찬반 집회와 헌법재판소	229
2025.2.9.	국민의힘 비대위원장과 중진의원 회동	232
2025.2.10.	탄핵 반대 극우세력의 정서적·정치적 고립	234
2025.2.13.	이산가족 면회소 철거와 한반도 평화를 위한 제언	236
2025.2.14.	국민의힘 울산시당위원장 사퇴	240
2025.2.15.	광주에서 열린 윤석열 탄핵 반대 집회	248
2025.2.17.	명태균 공천 의혹, 진영정치를 강화하는 정당 공천의 문제	252
2025.2.19.	이재명 대표의 '민주당이 중도보수' 주장, "내가 보수다!"	254
2025.2.22.	가자, 광주로	256
2025.2.24.	광주민주화묘역을 찾으며, "고맙습니다. 잊지 않겠습니다"	258

2025.2.25.	세계 민주 붕괴 속 대한의 민주 기적, "우리는 한다니까"	263
2025.2.26.	국민의힘의 개헌 논의 점화, "지금 뭐하노?"	265
2025.2.27.	명태균 특검법 찬성 표결	267
2025.2.28.	대한의 공동체 민주주의, "같이 잘 살아요"	270
2025.3.1.	3.1절을 맞이하며, "대한민국!!!"	273
2025.3.7.	윤석열에 대한 구속취소 결정	276
2025.3.8.	보수와 진보의 기능, 그리고 진보의 위기	279
2025.3.12.	탄핵 기각되면 죽을 때까지 단식하겠다는 결의	282
2025.3.13.	뜨거운 헌법재판소 집회 열기	286
2025.3.14.	공적 마인드 없는 엘리트주의	288
2025.3.15.	헌재를 바라보는 주말	291
2025.3.16.	김건희 국정농단과 부패	293
2025.3.17.	담담한 기다림, "기다린 광장에 봄바람이 불겠쥬?"	295
2025.3.18.	눈 내린 서울, "탄핵 반대에 왜 성조기가 있죠?"	297
2025.3.23.	연금개혁법안 통과를 바라보며	299
2025.3.24.	한덕수 총리의 권한대행 복귀	303
2025.3.29.	울산 탄핵 반대 집회	305
2025.4.1.	윤석열 탄핵 선고일 지정	308
2025.4.4.	윤석열 탄핵 선고의 그날, "대한이 다시 바로 섰습니다"	309

에필로그   313

2024.12.3.

비상계엄의 시작

전혀 특별할 것 없던 평온한 12월 저녁이었습니다. 흘러나오는 거리의 크리스마스 캐럴은 가벼운 설렘을 주었습니다. 연말 분위기에 맞지 않게, 국회에서는 여당과 야당 사이 악다구니 치는 다툼이 계속되고 있었습니다. 하지만 그조차 민주주의 사회라면 응당 존재하는 평범함이었습니다. 일과를 마치고 지친 삶을 위로하는 우리 국민의 평온한 저녁이었습니다. '평온함'과 어울리지 않는 단어가 '비상계엄'입니다. 여기서 '비상'은 국민의 생명과 국가의 존립을 지키기 위한 마지막 수단이기 때문입니다. 우리의 아픈 현대사 속에서나 볼 수 있었던 어두운 단어 '비상계엄'이, 그날 밤! 현실이 되었습니다.

'비상계엄'의 이유를 이해할 수 없었기에 처음에는 AI로 만든 페이크 영상인 줄 알았습니다. 아무리 권력에 눈이 멀고, 아무리 어리석고, 아무리 극단적이라 하더라도 민주주의를 멈추고 군정을 실시하는 비상계엄을, 그것도 이렇게 지극히 평온한 한 해의 마지막을 준비하는 2024년 12월에 강행할 것이라고는 도저히 믿을 수 없었습니다. 아마도 그날 밤 많은 국민께서 '생뚱맞다', '황당하다' 하셨을 것 같습니다. 그만큼 이상한 비상계엄이었습니다. 국정운영을 총괄하는 한 나라의 대통령이 그렇게 '비상식'적일 수 있었습니다.

비상계엄 포고문을 읽으며 저도 모르게 욕설이 터져 나왔습니다. 포고문 그 자체만으로 이미 충분히 반헌법·불법 비상계엄이었습니다. 그 순간만큼은 욕설만큼 좋은 표현 수단이 없었습니다. 국민에 대한, 국가에 대한 '배신'이었습니다. "뭐지? 미쳤다 아이가! 쿠데타다! 미칫네!" 평범하지만 소중했던 우리의 일상은 그렇게 한순간 멈춰 섰습니다. 초기 대응을 잘못하면 수많은 생명이 희생될 것도 분명했습니다. 시민들이 다칠 수 있다는 생각에 미치자 제 심장은 뜨거워졌습니다.

윤석열이 '비상계엄' 포고문을 읽어 내려가는 모습은 군복 입은 전두환과 겹쳐 보였습니다. 권위적 태도와 모두를 아래로 보는 듯한 느낌은 분명 그 둘의 공통점이었습니다. 그 짧은 찰나, 저는 영화와 사진, 글로 접했던 1980년 광주가 눈앞에 펼쳐진 듯했습니다. 광주항쟁의 역사와 사진이 머리에 떠올랐고, 어느새 제 작은 두 눈에 알 수 없는 '한 섞인 눈물'이 흘렀습니다.

    돌이켜보면 이날 분명한 판단과 용기를 준 가장 큰 이유가 '광주'였던 것 같습니다. 자연스럽게 '1980년 5월 광주의 선배님들'이 가슴에 각인되었습니다. 저는 눈에 보이지는 않지만 '기운'으로 세상 이치가 운행된다고 믿습니다. 그래서일까요? 저는 1980년 5월의 선배 영령들과 수많은 민주투사의 한 섞인 간절한 바람이 기운이 되어 12월 3일 그날 밤 많은 이들의 가슴에 내려왔다고 느낍니다.

1980년 광주로부터 44년이 지난 2024년 12월 3일 서울. 이제 더는 없을 것 같던 비상계엄이라는 괴물이 다시 나타났습니다. 납득할 수 없는 대통령의 지시를 받은 군인과 경찰들은 1980년 5월의 계엄군이 처음 느꼈을 혼란스럽고 무서운 감정으로 국회를 침탈하려 움직였습니다. 현직 대통령이 벌인 친위 쿠데타였기에 실패 가능성이 적었습니다. 무서워하거나 자신에게 도움 되는 세상이 될까 기대하는 비겁한 기회주의자들도 곳곳에 도사리고 있을 것이기에 더욱 불안했습니다.

폭력은 시작이 어려울 뿐, 한번 시작되면 굴러가는 눈덩이와 같고, 저질러진 잘못은 그 잘못을 덮기 위해 더 잔인하고 더 큰 잘못을 불러올 수밖에 없기에 반드시 지금 막아야만 했습니다. 시작하면 걷잡을 수 없이 확대되는 악마의 굴레가 굴러가기 전 사악한 시도를 멈춰야 했습니다. 1980년 5월의 희생을 되풀이하지 않기 위해, 헛되지 않도록 하기 위해, 반드시 오늘 밤 막아야만 했습니다. 믿을 것은 송구하게도 민주 대한민국의 '주권자인 국민의 용기 있는 행동'뿐이었습니다.

2024. 12. 3. 밤

계엄군

계엄군이 국회에 나타났습니다. 저는 그들의 군복이 눈에 들어왔습니다. 적국이 아닌, 자랑스러운 대한민국 군복이었습니다. 대한의 청년이 국민의 소중한 혈세로 준비한 야간투시경과 총을 들었습니다. 국가와 국민을 지키기 위해, 젊음을 바치고 자유를 포기하며 땀과 헌신으로 단련된 대한민국 국군이었습니다. 사랑하는 내 조국의 군대, 홍범도 장군과 광복군의 기개를 이어받아 대한을 수호하는 대한민국 군대가 비정상인의 잘못된 명령으로 그 자리에 서 있었던 겁니다. 가슴이 먹먹하고 아팠습니다.

국민께 충성을 다짐한 대한민국 국군이 독재 망령에 휩싸인 광인에 의해 그날 국회로 와야만 했습니다. 불안하고 경황

없어 눈빛이 흔들렸고, 잘못된 일에 동원되었음을 알았겠지만, 함부로 거부할 수 없는 지휘관의 명령이었기에 따르지 않을 수도 없었습니다. 계엄군으로 불린 그들도 많이 아팠을 겁니다. 사랑하는 조국 대한민국의 심장으로 총을 겨누던 그 날의 기억이 상처가 되지 않았으면 합니다. 동원된 계엄군, 당신들의 잘못이 아닙니다. 계엄을 획책하고 잘못임을 알면서도 명령 지시한 비열한 권력 집단, 그들의 잘못입니다.

1980년 5월에도 특전사 병사들은 광주행을 몰랐다고 합니다. 전두환 독재 정부는 계엄군 병사들을 속여 광주에 투입했고, 북한의 사주로 광주가 위험하다고 더 큰 거짓을 동원했습니다. 국가와 국민에 대한 충성심을 거짓과 기망으로 개인의 권력욕에 사용했습니다. 비열하고 저급하며 오로지 악할 뿐입니다. 그렇게 1980년 5월의 계엄군 병사들은 거짓으로 가득 찬 상부의 부당한 명령과 이성을 마비시키는 급박한 폭력 사태에 노출되어 평생 트라우마를 안고 살아야 하는 또 다른 희생자가 되었습니다.

계엄 실행에 직접 관여하고 부당한 명령 행위를 한 관련자들을 반드시 찾아 엄벌해야 합니다. 그들의 잘못이 정확하게 밝혀지고 엄벌이 이루어져야만 계엄에 동원된 선량

한 대다수 군인의 억울함도 풀리고 명예도 회복될 수 있습니다. 군대라는 특수한 환경에서 영문도 모르고 조국의 심장부로 총을 들고 진군해야 했던 대다수 소중한 우리 대한의 청년은 계엄의 또 다른 희생자이며 대한민국의 미래이고 대한의 주인인 국민입니다.

우리가 잊지 말아야 할 분들이 계십니다. 군대라는 특수 환경에서, 비상계엄이라는 경황없는 상황에 놓여, 지휘관의 진군 명령이 있었음에도 소극적으로 회피하거나 적극적으로 거부함으로써 조국 대한민국과 국민에 대한 충성 의무를 수행했던, '충성스러운 반대'로 진짜 충성을 실행했던 진짜 대한의 군인들. 그들의 '진정한 용기'와 '진정한 충성'이 있었기에 12·3 내란은 진압될 수 있었습니다.

2024.12.3. 밤

계엄을 막아선 우리

국회는 민주의 상징입니다. 헌법과 법률을 제정하고, 행정부와 사법부를 국민의 입장에서 감독하는 곳입니다. 대통령 취임 선서 장소로 자주 이용되는 것도 민주의 상징이기 때문입니다. 헌법은 이런 이유로 대통령의 비상계엄을 해제할 권한을 국회에 부여했습니다.

12·3 윤석열의 비상계엄은 비상계엄 사유가 없었고, 내용도 위헌·위법하기에 처음부터 무효입니다. 무효라 하더라도 비상계엄을 합법적으로 해제해야만 국민이 혼란 없이 판단할 수 있고, 계엄군에게 부당한 명령을 거부할 용기를 줄 수 있기에, 국회의 적시 계엄해제는 꼭 필요한 행동이었습니다.

윤석열도 인지하고 있었을 것으로 추정됩니다. 계엄포고문에 국회 활동 금지를 포함했습니다. 국회의원들이 모이지 못하게 막고, 모인 국회의원들을 끌어내어 아무도 모르는 곳에 가두면, 이후 국민의 저항을 계엄군으로 탄압하기 수월할 것으로 생각했는지도 모릅니다. 윤석열은 자신의 오만함 때문에, 행동하는 국민의 위대함을 알지 못했던 것 같습니다. 이유가 무엇이든, 12월 3일 밤 대한민국 국회는 국민과 민주주의와 헌법을 지켜내는 결전의 장이었습니다.

저는 상대적으로 수월하게 국회 본관까지 들어왔지만, 함께한 동료 국회의원들의 국회 본관 진입은 쉽지 않았습니다. 무장한 계엄군과 경찰이 국회의원들의 본관 진입을 막아섰습니다. 그러나 계엄군의 공포스러운 물리적 장벽도 위대한 시민들의 용기 앞에서 힘을 잃었습니다. 시민이 계엄군을 막아 길을 열어냈고, 그 길로 계엄해제 표결에 동참할 국회의원들이 하나둘 본관으로 들어올 수 있었습니다. 돌이켜보면 위대한 시민들의 위대한 행동이 없었으면 국회의원들은 국회 본관까지 모일 수 없었을 것입니다. 국회에 모여 표결한 것은 의원들이지만, 사실 국민이 나섰습니다. 무장한 계엄군은 그 존재만으로 충분히 위압적입니다. 그러나 죽을 수도 있다는 공포를 이겨내고 나라와 국체를 지키겠다는 위대한 시민들의 결기는 무장 계엄군의 위압보다 훨씬 힘이 셌습니다. 대한 국민의 용기와 행동이 전 세계에 생중계되며, 대한의 민주주의가 세계 속에 다시 한번 빛을 발하는 순간이었습니다.

어수선한 국회 본회의장이었지만, 의원들 얼굴에 결연함이 보였습니다. 의결에 필요한 과반의 의원이 아직 들어오지 않아 마음이 급했던 저는, "민주당! 의석도 많으면서 왜 과반을 못 채우나!" 소리를 질렀습니다. 국민의힘 의원이 할 말은 아니었지만, 그만큼 절박했습니다. 돌이켜보면 국민의힘이 계엄해제에 협력하지 않을 것을 직감으로 알았었나 봅니다. 당은 중요하지 않았습니다. 진영도 의미가 없었습니다. 그 순간 계엄을 풀고 민주정과 국민을 지켜야 했습니다.

같은 시각, 국민의힘 원내대표는 당사로 의원들을 모았습니다. 의원총회를 개최할 권한이 있는 원내대표가 그 권한으로 의원들을 국회 밖으로 불러낸 것입니다. 본회의장에서 비상계엄을 해제해야 할, 국민이 부여한 사명과 의무가 있는 의원들을 그렇게 밖으로 빼돌리려 했습니다. 원내대표가 본관에 있었지만, 본회의장을 찾아오지 않았습니다. 당연히 국회의장님과 민주당 원내대표를 직접 만나 논의했어야 할 중대한 사안이었는데, 끝내 단 한 번도 모습을 드러내지 않았습니다. 심지어, 촌각을 다투는 상황임에도 국회의장에게 표결 시간을 늦추어 달라고 요구했습니다. 그는 왜 그랬을까요?

이유는 알 수 없지만, 국민의힘 원내대표의 행보가 윤석열의 12·3 내란 해제를 방해했다는 점은 부인할 수 없을 것입니다. 그 자체로 이미 '역사의 죄인'이 되어버렸습니다. 그에게 지금 남은 것은 '역사 앞에 진정으로 어떻게 속죄할 것인가'라는 숙제뿐입니다. 스스로 속죄하지 못한다면 주권자의 힘으로 속죄하게 해야 합니다.

2024.12.4. 새벽

긴박했던 첫 관문,
계엄해제의결

본회의장의 어수선함 속, 누군가 계엄군이 본회의장 문 앞까지 왔다고 소리쳤습니다. 실탄을 지급받았고 총기 사용 허가도 받은 것 같다며 웅성거렸습니다. 전기 전원을 내려 암흑 상태가 될 수 있었고, 그때 계엄군이 본회의장에 난입할 수 있다며 염려하기도 했습니다. 본회의장 문밖의 고함과 소란으로 계엄군이 문 바로 앞까지 왔음을 알 수 있었습니다. 시간이 없었습니다. 오직 계엄을 해제해야 한다는 간절함만이 가득했습니다.

이 급박한 때 본회의장에 나타나지 않은 국민의힘 의원들을 이해할 수 없었습니다. 솔직히 분노했습니다. 카메라 앞에서 사소한 일에도 큰 소리로 소란을 일으키며 용감함을 과시하던 분들이, 정작 12·3 쿠데타를 진압하고 해제해야 할 순간 누군가는 당사로, 누군가는 집으로 숨어버렸습니다. 더욱이, 국민의힘은 여당이기에 12·3 쿠데타에 직접 책임이 있고, 보수당이기에 헌법 수호 의무를 누구보다도 강하게 자각하고 있어야 하는데, 현실은 그 반대였습니다. 12·3 쿠데타가 성공하면 쿠데타 세력에 붙어서 권력을 누리려 했을 수도 있고, 쿠데타가 실패하면 뒤늦게 나타나 거만하게 핑계를 대며 다시 큰소리를 쳤을 수도 있겠다 생각했습니다. 국체와 국민이 위협받는, 촌각을 다투는 이 순간에 어떻게 그럴 수 있느냐는 생각에 분노했습니다.

역사 속 위기의 순간, 자신을 희생하며 마지막까지 올바름을 지키고자 우국충정의 결기를 다진 충신과 어딘가에 숨어 무엇이 더 이익이 되는가 계산하며 비겁하고 비열하게 기회만 엿보던 간신의 모습이 겹쳐 떠올랐습니다. 그날 그 자리에 함께 계엄해제에 나섰던 의원들 한 사람, 한 사람 모두 국가와 국민을 위한 마음으로 용기를 낸 충신이라 생각합니다. 비록 정당은 다르더라도 뜻을 함께하는 전우처럼 느껴졌습니다.

우원식 국회의장님이 의장석에 나타나셨습니다. 의장님이 자리하셔야 계엄해제 표결 절차가 진행될 수 있기에 '이제

할 수 있겠다'는 희망을 품었습니다. 저도 모르게 의장석으로 뛰어 올라가 그의 손을 잡았습니다. "나라를 구해주십시오" 간절한 한마디를 건네자 감정이 울컥 올라왔습니다. 민주의 상징 국회가 침탈당하고 국체와 국민이 위험에 빠진 참담함이 몸서리치게 아팠습니다. 풍전등화에 놓인 나라의 운명을 짊어진 국회의 무게가 온몸으로 다가왔습니다. 의장님은 그런 저를 바라보며 고개를 끄덕여주셨습니다. 꼭 그렇게 하겠다는 다짐이었습니다.

그리고 우리는 마침내 계엄해제를 의결했습니다. 계엄해제 의결 소식이 전해지자 계엄군은 국회에서 철수했습니다. 빠르게 철수하는 계엄군을 보니 계엄해제 의결을 기다렸겠다 싶었습니다. 계엄해제를 의결했지만, 윤석열은 바로 응답하지 않았습니다. 국회 의결을 무시하고 그대로 계엄을 강행하거나 다시 계엄을 선포할 수도 있었습니다. 눈앞의 계엄군이 사라졌다 하더라도 근처에 대기하며 국회가 다시 소집되는 것을 막을 수도 있었습니다. 여전히 우리는 국회를 떠날 수 없었습니다. 무슨 일을 더 벌일지 알 수 없었습니다. 급변 사태가 발생하면 국회가 신속히 대응해야 했고, 지금 국회의원이 있어야 할 곳은 '국회 본회의장'이었습니다.

    국회에 모인 국회의원들은 그렇게 날이 밝을 때까지

국회 본회의장에서 대한의 국체와 민주를 위해 자리를 지켰습니다. 국회 밖 대한의 국민은 그런 국회를 계엄으로부터 지키기 위해 날이 밝을 때까지 추운 날씨에도 굳건하게 국회를 지켜주셨습니다. 대한민국 국체와 민주의 희망이 깃든 불꽃이 꺼지지 않도록 국민과 국회가 한마음으로 지켜낸 새벽이었습니다.

2024.12.4. 비상계엄해제 결의

2024.12.4. 오전

위대한 시민이 지켜낸 새 아침

신(新)새벽, 새 아침이 밝은 빛으로 다가왔습니다. 국회 본관 앞 펄럭이는 태극기 깃발과 그 너머 국회 정문 앞에서 밤새 고생하고도 국회를 떠나지 못하고 있는 자랑스러운 시민의 모습이 교차했습니다. 이 모든 순간을 비추고 있는 아침햇살이 눈부셨습니다. 기어이 우리가 계엄의 밤을 이겨내고 대한의 국체와 민주를 지켜냈다는 감격이 시민들에 대한 감사함으로 가슴에 새겨졌습니다. 위대한 대한의 국민이 용감하게 계엄군에 맞서고, 계엄을 이겨냈습니다. 12·3 내란의 밤은 짧지만 강렬했습니다.

    날이 밝았지만 안심할 수 없었습니다. 계엄이 있었던 이 땅에서 무엇이든 일어날 수 있는 아침이었습니다. 하지만 혼란 속에서도 분명한 것이 있습니다. 대한의 주권자, 위대한 국민은 용감하게 행동했다는 것입니다. 앞으로 어떤 무도한 급변 사태가 발생하더라도 국민이 좌시하지 않고 주권자로 행동할 것을 경고한 밤이었습니다.

12·3 내란의 밤은 제게,
1980년 5월의 광주를 아픔과 다짐으로 건넸습니다.
1987년 6월의 염원을 간절함으로 건넸습니다.
2016년 촛불의 희망을 용기로 건넸습니다.

12·3 내란의 밤은 제게,
고(故) 김대중 대통령님의 민주주의 염원과 희생을 새기게 했습니다.
고(故) 노무현 대통령님의 함께 살아갈 공동체 민주주의를 새기게 했습니다.

12·3 내란의 밤은 제게,
국민을 위한 충성으로 써야 할 각성과 다짐, 용기와 인내를 주었습니다.
진짜 보수는 무엇을 해야 하는가를 생각하게 했습니다.
무지했던 저를 깨우고 자각하게 했습니다.

제 본적은 경북 의성으로, 대구에서 학창 시절을 보냈습니다. 고교 시절 육군사관학교 진학을 꿈꾸었으나 자의 반 타의 반으로 고려대 법대에 입학했고, 제주도에서 군 복무를 마친 뒤 은행원으로 근무하다 다시 공부하여 울산에서 변호사로 활동했습니다. 그리고, 2024년 1월 총선 출마를 선언하면서 정치를 시작하여 당시 만 1년이 되지 않은 정치 새내기였습니다. 국민의힘에서는 소위 성골로 불리는 'TK라인'이면서 동시에 '부·울·경 PK지역'에서 가장 어린 국회의원이자 울산에서 보수세가 가장 강한 지역구를 가지고 있는, 말하자면 가장 '국힘스러운' 배경을 가지고 국힘에서 장래가 촉망(?)되던 국힘 병아리(?)였습니다. 그런 제게 12·3 내란의 극단적 상황은 마치 망치가 단단한 껍질을 깨듯 큰 충격으로 다가왔습니다.

그날 이후, 제 가슴에 세 분의 스승이 가슴으로 자리했습니다. 고(故) 김대중 대통령님, 고(故) 노무현 대통령님, 그리고 1980년 광주의 뜨거운 선배님들. 민주주의 위기의 순간 민주주의를 깨닫고, 저를 가리고 있던 어둠에서 벗어나 진짜 세상을 보았습니다.

2024.12.4. 오전

당연한 것의 소중함

계엄의 밤은 '당연한 것'이 당연하게 주어지는 것이 아님을 일깨워주었습니다. 숨이 막히고서야 공기의 소중함을 알게 되듯 계엄의 밤은 민주주의와 우리의 일상이라는 '당연함'이, 깨어 있는 주권자 시민의 행동이 실천력이 있어야만 지켜질 수 있음을 알려주었습니다.

    대통령은 헌법을 수호할 것이고, 군인들은 위법한 명령에 항거할 것이며, 수사와 사법 시스템은 공정하게 정상 작동할 것이라고 '당연히' 믿었습니다. 그러나 그 '당연함'은 너무나 쉽게 깨지는 유리잔과 같았습니다. 우리가 당연하게 받아들이고 있는 우리의 일상은 결코 당연한 것이 아니었습니다.

우리 사회의 근본 기능이 정상 작동하고 있다고 믿고 있던 제게, '깨지기 쉬운 당연함'에 대한 자각은 막연히 신뢰하던 모든 것에 대한 각성을 안겨주었습니다. 당연한 듯 보고 있는 신호등, 당연한 듯 사용하는 신용카드와 화폐, 당연한 듯 믿고 있던 약속과 말들, 당연했던 모든 것들이 '끊임없는 자각과 경계, 고침'이 있어야만 당연할 수 있음을 깨달았습니다.

당연한 모든 것들은 사실 치열한 노력과 희생의 시간 위에 세워진 결과였고, 이 당연함을 잃지 않기 위해서는 다시 깨어 있는 정신과 노력이 있어야 합니다. 당연함에 대한 각성은 저에게 큰 변화를 일으켰습니다.

부처는 "깨닫기는 쉽지만, 그 깨달음을 지켜가기란 어렵다"고 말했습니다. 긴 수행 끝에 얻은 깨달음도 방심하는 순간 중생의 마음으로 돌아가버린다고 합니다. 그렇게 가만히 있는 것 같지만, 실은 끝없이 요동하는 것입니다. 마음도, 제도도, 사물도 그런 것입니다. 깨어 있는 마음, '깨어 있되 깨어 있음에도 취하지 않는 진짜 깨어 있는 마음', 그것이야말로 당연하지만 소중한 것들의 귀함을 알고 지키게 하는 힘입니다.

고(故) 노무현 대통령님의 '깨어 있는 시민들의 힘'을 생각합니다.

"훌륭한 사람들은 돈이나 명예를 바라고 통치하려 하지 않는다네… 그들 스스로 통치하기를 거부할 때 그들이 받는 가장 큰 벌은 자기들보다 못한 자들에 의해 통치당하는 것일세."(《국가》, 플라톤*)

---

* 플라톤은 반민주주의자이지만, 그의 고뇌와 고민은 민주주의를 어떻게 지켜가야 할 것인가에 대한 더 큰 성찰의 기회를 제공해줍니다.

2024.12.4. 오전

국민의힘 첫 의원총회

계엄의 밤, 국민의힘 원내대표가 '당사'로 와서 개최하자던 의원총회. 계엄이 해제된 날 아침, 국회 본관 예산결산특별위원회 회의장에서 드디어 열렸습니다. 본회의장에서 간절히 만나기를 바랐으나, 끝내 나타나지 않던 국민의힘 선배·동료 국회의원들의 얼굴을 그제야 보았습니다. 반가움과 의문이 교차했습니다. 너무나 간절하게 본회의장으로 와서 계엄해제에 동참하기를 바랐기에 진심으로 궁금했습니다. 왜 계엄해제를 위해 움직이지 않았는지, 계엄에 동참하려 했던 것인지, 국회의원이면서도 헌법과 국민을 수호해야 할 순간에 왜 숨어버린 것인지.

계엄의 밤, 당사에 모였던 사람들은 어떤 말을 할까? 본관에 있으면서 본회의장에 오지 않은 사람들은 어떤 말을 할까? 이런저런 계산으로 사태를 지켜보던 사람들은 어떤 말을 할까? 계엄이 해제되어 다행이라는 안도가 나올까? 아니면 계엄이 해제되어 아쉽다는 반응일까? 계엄에 책임 있는 정당으로 국민을 향해 무슨 말을 하려는 걸까? 정치 초년생인 나는 선배들의 마음이 궁금했습니다.

의원총회가 시작되었을 때 회의장은 침통한 분위기였습니다. 저는 그 침통함이 국민에 대한 송구한 마음에서 비롯된 침통함이기를 바랐습니다. 입을 열기가 무거운 분위기였습니다. 저는 그 무거움이 여당으로서의 자책과 계엄해제에 소극적이었던 것에 대한 책임감이기를 바랐습니다. 그러나 저의 그런 바람은 의원총회 발언이 이어지며 깨졌습니다.

많은 논의가 오갔고, 격한 발언도 이어졌습니다. 그런데 '무사히 계엄이 해제되었다'라는 안도감을 찾기 어려웠습니다. '여당으로서 계엄을 미리 막지 못했다'라는 자책을 찾기 어려웠습니다. '계엄해제에 적극적이지 못해 국민께 송구하다'라는 반성을 찾기 어려웠습니다. '국민께 지금이라도 행동으로 사죄해야 한다'라는 다짐을 찾기 어려웠습니다. '계엄해제에 동참하지 않아 동료들에게 미안하다는 태도' 또한 찾기 어려웠습니다.

오히려 계엄해제에 동참한 의원들을 탓하는 분위기였

습니다. 원내대표의 엄중한 명령이 있었음에도 당사로 오지 않았고, 본회의장에서 야당의 행동에 무단으로 동참했다는 질책도 있었습니다. 군과 국정원이 대통령에게 충성하지 않았다고 원망까지 쏟아졌습니다. 이 모든 것이 민주당의 독주 때문이라고 야당 탓만 하는 의원들도 있었습니다.

역사의 죄인이 되어 국민께 참회해야 할 순간이었음에도, 집권 여당이라는 권력을 잃을까 걱정하고, 권력을 잃은 후 본인들의 잘못이 드러날지 걱정하고, 선거에 불리하게 작용할 것을 걱정하고 있었습니다.

계엄의 밤, 숨소리조차 내지 않고 당사 혹은 다른 곳에 숨어 있었던 그들이 의총에서는 마치 개선장군처럼 큰소리쳤습니다. 계엄의 밤을 막아낸 의원들을 흘겨보며 꾸짖었고, 계엄해제에 용감했던 국민의힘 의원들을 '배신자'로 몰았습니다. 큰 충격이었습니다. 그런 태도와 언행은 있어서는 안 되는 것이었습니다. 국민의힘 국회의원이기 이전에 그들은 대한민국의 국회의원이어야 했습니다. 내가 알고 있던, 함께하던 동료들이 맞는가? 혼란과 분노가 밀려왔습니다.

국회의원은 헌법을 수호하고 국민을 지켜야 합니다. 그것은 목숨 걸고 해내야 할 '사명'입니다. 당리당략도, 사리사욕도 이보다 앞설 수는 없습니다. 공인의 당연한 도리입니다. 그날 의총을 겪으며 다짐했습니다. 내가 홀로되고, 핍박받고 사회적·정치적으로 무너진다 해도 잘못된 무리에 맹종하지 않으리라. 몸담은 조직이 바른 방향으로 기능하도록 독려하는 것, 필요하다면 조직의 잘못에 아픈 지적을 하더라도 그렇게 하는 것, 그것이 진정으로 조직을 위하는 길이라 생각했습니다.

의원총회를 마친 후, 내가 속한 거대 조직 집권 여당 국민의힘이 '지금, 이 순간 잘못되었다'라는 것을 뼈저리게 자각했습니다. 계엄의 밤이 지나고 열린 의원총회는, 역사의 죄인이 되고서 반성조차 하지 않는 오만함으로 가득 차 있었습니다. 그날의 국민의힘은 보수의 추구 가치와 기능이 무엇인지 방향성마저 잃어버린 채 오직 권력만 지키려는 집단이 되어 있었습니다.

국민의힘에 소속되어 있는 의원이라면 응당 국민의힘이 건강함을 회복하도록 노력해야 한다고 생각했습니다. 그것이 저에게 부여된 또 다른 의무였습니다. 국민의힘이 당헌에 따른 정상 정당으로 기능하기를 바라는 마음, 대한민국의 보수정당이 보수 가치를 회복하고 수호하는 기능을 잘해주기를 바라는 마음, 정치가 국민에게 봉사하는 본분을 잊지 않기를 바라는 마음, 국민의힘이 대한민국 정치에 순

기능하기를 바라는 마음으로, 흑화한 국민의힘과 투쟁을 시작했습니다.

저는 진심으로 국민의힘에 묻기 시작했습니다.

    '정치를 왜 하십니까?'
    '보수의 기능과 가치가 무엇입니까?'
    '건강한 보수정당으로 설 수 있습니까?'
    '국민의힘은 지금, 무엇을 해야 합니까?'

2024.12.5.

'정치를 왜 하는가'

'정치를 왜 하는가?'

정치를 시작하면서 지금까지 스스로에게, 또 동료들에게 가장 많이 한 질문입니다. 부끄럽지만, 정치를 처음 시작할 때 아직 사명 의식이 약했던 터라 더욱 그 질문을 많이 했던 것 같습니다. 정치에 발 디딘 지 1년이 채 되지 않은 초짜 정치인은 궁금했습니다. 정치란 가장 무겁고 무서운 책임인데, 정치인들이 어떤 마음과 사명으로 그 무게를 감당하고 있는지 알고 싶었습니다.

돈을 벌고 싶으면 사업을, 인정받고 싶다면 봉사를, 대접받고 싶으면 자기 분야에서 그만한 헌신과 업적을 남기면 될 일입니다. 최소한 그 정도는 자기 의지대로 할 수 있는 능력이 있는 사람이라야 국민의 일꾼으로서 정치를 할 최소한의 자격이 있을 것입니다.

사업할 재주가 없고, 봉사할 재주가 없으며, 자기 분야에서 업적을 남길 재주가 없어 그저 먹고살기 위해, 자신의 이익을 위해 하는 직업 정치는 국민께 송구한 모습입니다.

정치는 공인으로서 봉사할 능력과 의지가 있는 사람이, 돈을 잃는 것을 당연히 여기고, 경우에 따라 자신의 생명과 모든 것을 걸고 옳음을 추구해야 하는 일입니다. 비난받고 외톨이가 되더라도 옳다고 믿는 바를 위해 헌신해야 하는 일입니다. 자칫 잘못하면 대한민국 어디서도 고개 들고 다니기 힘들 만큼 홀대받고 핍박받을 수 있는 위험한 일임에도 불구하고, 정치를 굳이 하려는 이유가 무엇인지, 어떤 사명과 지향 때문인지 궁금했습니다.

'국민과 국가를 위해'라고 쉽게 말하지만, 그 말이 진심인지 궁금했습니다. 그 말이 진심이라면 권력과 자리 욕심은 왜 생기는 것이며, 파벌은 왜 만드는 것이며, 누군가에게 잘 보이기 위한 무리한 언행은 왜 하는 것인지 이해하기 어려웠습니다. 일할 시간도 모자랄 텐데 왜 '행사 돌이'·'악수 돌이' 하는 데만 여념이 없는 것인지, 왜 타인을 시기하고 질투하며 험담하는 것인지, 왜 거짓으로 상대방과 경쟁자를 공격하는 게 당연하다 여기는 것인지 이해할 수 없었습니다.

정치하는 사람들은 먼저 솔직해져야 합니다. 돈을 벌고 싶어 정치를 하면 부패할 것이고, 인정받고 싶어 정치를 하면 중우정치(衆愚政治)가 되기 쉽고, 대접받고 싶어 정치를 하면 거만하게 시민 위에 군림하는 자가 되기 쉽습니다. 명예욕에 정치하면 좁은 마음으로 잘난 사람을 시기하기 쉽고, 사리사욕에 정치하면 옳고 그름을 보는 눈은 사라지고, 모략과 거짓, 선동에도 거리낌없어집니다. 그것은 큰 죄를 짓는 것입니다.

　세상은 눈에 보이지 않는 '인과(因果)'에 따라 움직입니다. 인과의 눈으로 바라보면, 정치는 작은 움직임으로도 수많은 생령(生靈)에게 큰 파장과 결과를 주는 인과의 제곱 산술입니다. 이재명 대통령께서 "공직자의 1시간은 대한민국 국민의 5,200만 시간이라고" 하신 말씀도 그런 뜻이라 생각합니다. 정치는 잘하면 큰 복을 짓겠지만, 잘못하면 큰 독을 짓는 것입니다. 그래서 더 무겁고 무서운 것입니다. 국민을 모시고 국민을 위해 일하겠다고 나선 사람이 국민과 국가에 큰 해독만 끼친다면 서로에게 비극입니다.

모든 정치인은 조석(朝夕)으로 되물어야 합니다. '정치를 왜

하는가?'

돈을 벌고 싶으면 사업하시고, 인정받고 싶으면 봉사활동하시고, 대접받고 싶으면 자기 분야에서 그만한 헌신과 업적을 남기시면 될 일입니다. 정치는 개인의 희생을 감수하고, 때로는 철저히 혼자가 되어 온갖 비난도 짊어져야 하는 일입니다. 그럼에도 국민을 주인으로 알고, 올바름을 추구하며 사회를 개선해 나가야 합니다.

'정치를 왜 하는가?'라는 질문을 멈추는 순간, 정치하는 사람의 공인 자격도 멈추는 것입니다. 그렇게 끝없이 자신을 되돌아보는 사람이 공인으로 기능해야 공동체가 행복해질 수 있습니다.

2024.12.5.

국민의힘의 탄핵 트라우마

12월 5일, 큰 위험은 벗어난 듯했지만, 윤석열은 여전히 위험했습니다. 아니, 더 위험해졌습니다. 12월 3일 쿠데타가 실패했지만, 여전히 군 통수권과 비상계엄선포권을 가진 대통령이었습니다. 쿠데타에 동참했던 군인들과 장군들이 여전히 자기 자리를 지키고 있었습니다.

윤석열과 비상계엄에 가담한 자들은 '내란죄'로 처벌받을 것을 예상했을 것입니다. 국체를 훼손하고 민주를 배반하며 헌법을 파괴하려 한 죄는 무겁고 엄중하다는 것을 내란의 당사자들은 잘 알고 있을 것입니다. 그렇다면, 그들은 이대로 있으면 안 된다고 생각할 것이고 더 과감하게 더 무도하게 자신들의 살길을 찾으려 할 수 있습니다. 저는 그런 비겁한 발버둥의 끝이 북한을 자극하여 다시 전쟁을 일으키거나 사회 소요 사태를 일으켜, 준(準) 전시상황으로 만들고 다시 비상계엄을 하게 될 것 같아 염려했습니다. 비상식적 비상계엄을 했던 자들이고, 궁지에 몰려 제 살길을 찾으려 할 자들이니, 얼마든지 극심한 비상식적 행동으로 나아갈 수 있음을 우려했습니다.

국회 주변은 긴장감이 가득했습니다. 윤석열 일당이 막무가내로 또는 억지 사유를 만들어 2차 비상계엄을 할 수 있다는 우려로 국회 내 헬리콥터가 내릴 수 있는 곳은 차량으로 막아두었습니다. 국회 근처에 윤석열이 보낸 체포조가 활동한다는 소문이 돌았습니다. 국회의원들의 얼굴에 긴장이 가득했습니다. 그렇게 끝난 줄 알았던 계엄의 밤은 계속되고 있었습니다.

그런데 이런 분위기에서 국민의힘 의원총회의 분위기는 놀랍도록 이기적인 당리당략의 모습에 빠져 있었습니다. 국민이 느끼는 불안과 두려움은 애써 외면했고, 2차 비상계엄의 실행 가능성과 위험에 대해서 놀랍도록 윤석열을 신뢰하고 있었습니다. 비상식적 폭압을 거리낌없이 실행한 윤석열을 상식적인 사람으로 상정하는 또 다른 비상식. 이런 모습에 궁금증이 더해졌습니다. 왜 그럴까?

국민의힘 중진의원들은 이른바 '탄핵 트라우마'를 겪

고 있었습니다. 박근혜 대통령 탄핵 이후 등장한 문재인 대통령 정권 당시 떠올리기 싫을 만큼 핍박과 고통을 당했다는 피해의식이 강하게 작동하고 있었습니다. 그래서 탄핵만큼은 막아야 한다는 생각이 강한 듯 보였습니다. 강한 탄핵 트라우마는 윤석열에 대해 믿고 싶은 마음으로 변질되어 국민의힘의 객관적 판단을 흐렸습니다.

하지만 국민의힘의 잘못됨을 자각한 저로서는 탄핵 트라우마를 겪고 있는 국민의힘 중진의원들의 모습조차 '비겁함'으로 느껴졌습니다. 박근혜 대통령이 탄핵당할 정도의 잘못을 함으로써 진짜 피해를 본 것은 주권자인 대한민국 국민입니다. 그렇기에 탄핵에 책임 있는 정당과 구성원이라면 국민께 송구함을 느끼고 반성하며 잘못에 대해 속죄함이 당연합니다. 하지만 그런 과정 없이 도리어 탄핵당한 세력이 피해자 행세를 하는 것은 진짜 피해자인 국민에게 예의가 아니었습니다.

국민의힘이 건강함을 잃어버린 이유를 조금 알 것 같았습니다. 잘못이 있어도 인정하지 않고, 합리적 비판을 배신과 불충함으로 몰아세우고, 진영정치로 강성 지지층을 규합하여 버티기로 일관하였습니다. 특히 원내 의원들은 지역구의 이익을 수호하는 데만 매몰되어 국정운영에 필요한 고민과 개혁, 그리고 변화를 거부하다 보니, 박근혜 탄핵사태를 불러온 근본 원인을 고치지 못한 채 지금까지 강성 지지층만 바라보며 버텨온 것입니다.

 탄핵 트라우마를 호소하는 선배·동료 국민의힘 의원 중 몇 분께, 중요한 것은 국민이고, 진정한 탄핵 트라우마 극복은 국민께서 효능감을 느낄 수 있도록 본연의 역할에 더 충실하며 묵묵히 신뢰를 쌓아가야 한다는 의견을 말씀드렸습니다. 시간이 걸리더라도 그것만이 국민의 신뢰를 회복하여 정상 정당이 되는 유일한 길이라 생각했습니다. 그러나 의미 있는 호응을 얻을 수는 없었습니다. 그렇게 국민의힘 의원총회는 탄핵 트라우마에 끌려 피해의식을 표출하며 국민 여론과 점점 멀어져갔습니다.

2024.12.7.

첫 탄핵 표결을 앞둔
국민의힘과 윤석열의 담화

국민의힘은 비상계엄 다음 날인 12월 4일부터 하루 만에 의원총회를 개최했습니다. 뚜렷한 답이 나오는 것은 없었지만, 국민의힘 의원들이 할 수 있는 것도 없었기에 '단일대오'를 지키기 위한 물리적·공간적 행동으로 이해했습니다. 아무래도 한 공간에 늘 같이 있다 보면 그 무리가 전체로 느껴지고 그 무리에서 다른 생각과 행동을 하지 못하게 되는 효과가 있었고, 국민의힘은 당혹감과 절박감에 유독 '단일대오'를 강조하고 있었습니다.

12월 7일 아침, 윤석열이 '모든 걸 당의 뜻에 맡기겠다'라고 발표했습니다. 그리고 한동훈 당대표가 윤석열과 담판을 지으러 간다고 했습니다. 윤석열이 자진 하야 하도록 만들어 탄핵 정국을 막아보겠다는 구상이라 했습니다. 저는 '중요한 것은 윤석열이 잠시라도 대통령의 자리에 더 있어서는 안 된다'라고 생각했습니다. 하야든 탄핵이든 하루라도 빨리 그 자리에서 내려와서 대한민국의 혼란과 전쟁의 불안감, 2차 비상계엄의 위험으로부터 국민을 지켜야 한다고 생각했습니다. 윤석열, 그는 잠시라도 그 자리에 있어서는 안 되었습니다. 윤석열이 즉시 하야한다는 발표로 이어지기를 바랐습니다.

점심 무렵, 평소 많이 아껴주던 다선(多選) 선배 의원님이 둘이서만 점심 식사를 하자고 제안하셨습니다. 제가 비상계엄해제에 나섰고, 이후 의원들 사이에서 윤석열을 탄핵해야 함을 강하게 주장하고 있던 터라 당 지도부에서 저를 설득하기 위함인 것 같았습니다. 평소 좋아하고 존경하던 선배였지만, 대통령 탄핵에 의견이 달랐기에 점심 자리가 불편했습니다. 더욱이 며칠째 긴장되고 화가 나 식사를 거의 못했고 이럴 때 식사 자리에 나가는 것 자체가 국민께 죄스러웠습니다. 테이블을 마주하고 앉았지만, 그 선배님도 저도 식사를 할 수 없었습니다.

탄핵의 당위성에 대해 서로 간의 주장을 주고받다가, 감정이 격해졌습니다. 저는 눈물을 흘리며 선배님께 크게

소리쳤습니다. "이게 도대체 뭐냐. 국민을 배신하고 국민에게 총을 들이댄 반헌법 반국가 쿠데타가 일어났다. 그런데도 당은 반성하기는커녕 계엄해제한 의원들을 배신자 취급하며 납득할 수 없는 이야기만 하고 있다. 윤석열을 끌어내려야 한다. 국민의힘은 역적의 당이 되었다. 여당이고 보수당이면서 민주주의를 부수었다. 몹시 부끄럽고 참담하여 용서할 수 없다. 이 순간 내가 국회의원이라는 것이 한없이 수치스럽다. 우리가 보수주의자라면, 헌법 파괴 행위에 대해 누구보다 더 분개해야 한다."

제 말을 듣던 선배 의원님의 눈시울이 붉어지더니 이내 눈물을 흘리며 호소했습니다. "네 마음 내가 안다. 얼마나 울화가 터지겠느냐. 선배로서 미안하다. 너의 그런 마음이 귀하고 감사하다. 그 마음으로 정치해야 한다. 하지만 탄핵을 추진하면 또 다른 혼란이 사회 전체로 퍼져나간다. 윤석열이 잘못한 것은 분명하다. 또 그 자리에서 내려와야 한다. 하지만 국가 혼란은 막아야 한다. 윤석열이 더 이상 계엄을 하거나 권력을 행사할 수 있는 상황이 아니다. 윤석열은 더 이상 위험하지 않다. 정치인이라면 책임을 생각해야 하고, 국가의 혼란이 커지는 일에 감정으로 나서서는 안 된다. 오늘 아침 윤석열의 담화가 하야를 이야기하는 것이다. 즉시

하야할 것이다. 꼭 그렇게 만들겠다. 나라를 진정으로 생각한다면 탄핵이 아닌 하야의 길을 같이 열자."

서로 간에 다른 의견을 주고받은 후, 한참을 걸었습니다. 국민의힘 의원총회에 참석해야 하는 발걸음이 무거웠습니다. 선배 의원이 제게 건넨 말을 여러 번 곱씹어 생각했습니다. '내가 감정적으로 대응하고 있는가. 탄핵해야 한다는 생각에 사로잡혀 국가 혼란을 야기하는 것인가' 계속해서 자문자답하며 무엇이 바른길인가 곱씹었습니다. 그렇게 가기 싫은 국민의힘 의원총회장으로 다시 향했습니다.

국민의힘 의원총회는 이날 저녁 첫 탄핵 표결을 앞두고 국민의힘 의원들의 '단일대오'를 지키기 위해 모두가 함께 모여 있는 방법으로 진행되었습니다. 의원총회 중 점심을 함께한 선배 의원이 저를 따로 불렀습니다. 따뜻한 차를 내주며, "국민을 생각하고, 나라의 혼란을 막아야 함을 생각하라. 윤석열은 곧 하야한다. 하야가 탄핵보다 더 빨리 윤석열을 내려오게 하는 방법이다. 선배가 많은 경험을 하고 하는 말이니, 이럴 땐 경험 많은 선배의 말을 따라달라"라고 다시 한번 권하였습니다.

가만히 듣고 있는데, 곁에 있던 다른 의원 한 분이 탄핵 찬성 입장인 동료 국민의힘 의원을 비난했습니다. 순간 눈이 뒤집혔습니다. 저도 모르게 큰 소리로 항의했습니다. "그 의원은 용기 있는 바른 사람이고, 당신은 비겁하고 틀린 사람이다. 누가 누구를 비난하는가. 당신은 비난할 자격이 없다. 비겁자다. 이 자리에서 이런 이야기를 더 듣고 있을 수 없다." 그 길로 자리를 박차고 나왔습니다. 나왔지만 갈 곳이 없었습니다. 국민의힘 의원총회 장소도 가기 싫었고, 시민들 속으로 들어갈 수도 없었습니다. 그렇게 '외부인'으로 혼자가 되었습니다.

2024.12.7.

국민의힘
탄핵 표결 불참으로 인한 좌절

국회에서 비상계엄을 해제하고 3일이 지난 12월 7일. 국회는 윤석열에 대한 첫 탄핵 표결이 진행될 예정이었습니다. 국민의힘 지도부는 탄핵 표결 직전까지 원내의 '단일대오' 형성 및 유지에 집중했고, 탄핵만큼은 막아야 한다는 분위기를 조성하고 탄핵 찬성 입장 의원들을 설득했습니다. 탄핵 표결은 무기명 투표이기에 누가 찬성했는지 반성했는지 알 수 없게 진행될 예정이었습니다.

    낮에 들은 선배 의원의 탄핵 반대 입장은 이해했지만, 저는 잠시라도 윤석열을 대통령의 자리에 있게 해서는 안 된다는 당연한 결론에 더욱 강한 확신을 더한 상태였습니다. 의원총회에서 국민의힘 의원들은 연달아 단상에 올라 탄핵 반대를 주장했지만, 저는 표결에 참석해서 찬성 표결하기로 마음을 굳혔습니다. 그런데 국민의힘은 12월 7일의 첫 표결에 단체 불참을 결정했습니다. 배신 표가 발생할 수 있다는 것이 이유였습니다.

허탈하고 당황했습니다. 이때까지만 하더라도 아직, 제가 당론과 달리 혼자라도 가서 표결할 수 있다는 가능성을 생각하지 못했습니다. 많은 국민이 국회 앞에서 간절히 본회의장만 바라보고 있는데 국민의힘이 단체로 불참을 결정할지 몰랐습니다. 이렇게 되면 12월 7일 오늘 윤석열이라는 위험한 기관차를 멈춰 세울 수 없게 되는 것이었습니다. 최소 8표의 국민의힘 국회의원 탄핵 찬성표가 있어야만 탄핵을 가결시킬 수 있기 때문입니다. 국민의힘에서 공식 표결 불참을 선택한 상황에서 8표의 탄핵 찬성표를 만들어낼 수는 없었습니다. 허탈했고, 죄스러웠습니다. 국회 근처에는 민주주의를 구하기 위해 수많은 국민이 가득했습니다. 국민의힘은 국민 앞에서 설명이라도 해야 했습니다. 저에게 말한 것처럼 탄핵보다 하야가 국가를 위해 옳다고 생각했다면, 최소한 국민 앞에 그 이야기라도 해야 했습니다. 그러나 국민의힘은 단체로 본회의 표결장에 나타나지 않는 것을 선택했습니다.

국민의힘 원내도 '작은 사회'이기에 매일 의원총회를 하며 한 공간에 모여 있다 보면 그것이 세상 전부로 보입니다. 그 작은 세상 밖 진짜 세상에서 국민이 외치는 소리를 그 '작은 사회'는 외면했습니다. '작은 사회'도 사회입니다. 그 속에서 홀로 다른 생각을 하고 있다는 것. 상당히 낯설고 겸연쩍은 경험이었습니다. 그 숨 막히는 공간에서 나왔지만, 갈 곳을 찾을 수가 없었습니다. '나는 누구이며 무엇을 해야 하는가. 무엇이 옳은가. 내가 감당할 수 있는 일인가.' 멍하게 허탈한 마음으로 서울역으로 향했습니다. 마음 둘 곳이 없어 그저 어디든 가야 했습니다.

2024.12.7.

첫 탄핵 표결 참여를 위해
서울역에서 되돌아오며

국민의힘 불참 선언으로 첫 탄핵 표결은 무산될 것이 분명한 상황이었습니다. 국회의 탄핵 표결만 바라보고 있을 수많은 국민을 생각하니 죄스러웠습니다. 서울역에 도착하기까지 마치 넋이 나간 사람 같았습니다. 탄핵 표결이 무산되고 말았다는 좌절감과 죄스러움에 마음을 잡기 어려웠습니다. 열차 플랫폼에 발을 올리려는 그때, 스스로에게 물었습니다.

'때론 안 될 것을 뻔히 알면서도 해야만 하는 것이 있다. 탄핵 표결이 무산되겠지만, 과정이 소중한 것이고 나는 해야 할 사명과 할 수 있는 최선을 다해야 하지 않을까. 그래야 이번에 좌절되더라도 다음이 있을 수 있다. 다음이 없더라도 해야 할 의무다. 탄핵 표결이 무산된다고 해서 무의미하다고 단정짓고 피하는 것은 비겁한 변명일 뿐이다.'

생각이 여기에 다다르자, 12월 3일 계엄의 밤이 다시 떠올랐습니다. 그날의 각오와 다짐, 그리고 자각이 떠올랐습니다. '죽음조차 각오하고 계엄해제에 나섰는데, 계엄을 해제하지 못하면 국회에서 죽더라도 끝까지 저항하겠다던 나였는데, 명백한 옳고 그름에 당론이 무슨 소용이며 눈치 보거나 주저할 이유가 무엇이더냐!' 정신이 번쩍 들었습니다. '늦기 전에 국회로 서둘러 달려가자. 나 혼자라도 표결해야 한다. 나 혼자만이라도 탄핵 찬성에 힘을 보태야 한다. 윤석열이 대통령의 자리에 있는 한 아직 12·3 내란이 끝나지 않았고, 스스로 내려오지 않았으니 무엇이든 해야만 한다. 나 혼자라도 해야만 한다.' 당의 단체 표결 불참 방침과 그로 인하여 12.7 탄핵 가결이 불가능할 것이라는 혼란스럽고 허탈했던 마음이 단박에 정리되었습니다.

국회로 돌아가는 길. 당론에 정면으로 반대하는 것이 마치 넘지 못하도록 붉게 칠해진 선을 뛰어넘는 것 같았습니다. 아직 정치도, 정당도 잘 알지 못하던 초짜 정치인이었기에, 훈련소를 막 마친 이등병이 중대장 이하 모든 중대원에게 '그건 틀렸어'라고 소리치는 느낌이었습니다. 하지만 제 가슴엔 어느새 12월 3일 계엄의 밤 그날의 용기와 각오가 다시 살아나 숨 쉬고 있었습니다.

'시민을 지키고 민주주의를 지키는 길이다. 어설픈 욕심과 미련은 다 버리고 내려놓자. 이 일로 완벽히 배신자로 낙인 찍히겠지만, 그리고 처절한 응징으로 내가 사회적으로, 도덕적으로 그리고 경제적으로 무너질 수도 있겠지만 그래도 해야 할 일이라면 운명이라 받아들이자. 이미 나는 12월 3일 밤 죽기를 각오하지 않았던가' 그렇게 생각을 정리했습니다. 국회로 가는 저의 가슴은 몹시도 뛰고 있었습니다. '가자! 가서 나 혼자만이라도 윤석열을 탄핵하는 데 나서자. 결과를 못 보더라도 내가 해야 할 사명이다.'

2024.12.7. 첫 탄핵 표결 참여

2024.12.7.

무산된 첫 탄핵 표결,
우리는 멈추지 않았습니다

서울역에서 발길을 돌려 국회로 가는 길은 매우 혼잡했습니다. 수많은 시민이 윤석열 탄핵을 외치며 애타는 마음으로 국회를 바라보고 있었습니다. 저는 혹시라도 늦어서 표결하지 못할까 급한 마음으로 국회 본회의장으로 달려갔습니다. 달려가는 길에 같은 행정안전위원회에 있던 신정훈 의원님과 이해식 의원님에게 "시민들이 많아 국회 문이 잠겼을 텐데 제가 지금 가고 있으니 열어주십시오"라고 도움을 청했습니다. 두 분의 도움을 받아 국회 본회의장으로 들어가 서둘러 표결을 진행했습니다. 민주당 의원들의 환호를 받으며 본회의장으로 들어가는 것이 무언가 어색하고 낯설었지만, 계엄의 밤을 같이 극복해서인지 전우애와 동료애를 느낄 수 있었습니다.

표결 후, 자리에 앉아 잠시 생각에 잠겼습니다. 더 이상 표결할 국민의힘 의원은 없으리라는 것, 그래서 무기명 투표라 처음부터 누가 찬성표를 던졌는지 알 수 없는 투표였는데 성립 자체가 되지 않았기에 투표함을 개봉조차 하지 못할 것이라는 사실, 찬성과 반대의 표 계산조차 하지 않았습니다. 12월 3일 이후 오늘까지 국민의힘 당론에 정반대로 독자 행동한 이유로 아마도 내가 국회의원직을 더 이상 유지하지 못할 것. 이것은 결론적으로 틀린 생각이었는데, 당시에는 막연히 그렇게 생각했습니다. 생각이 여기까지 이르니 국회의원을 그만하더라도 국민께 꼭 전하고 싶었던 말을 남기고 그만해야겠다고 마음먹었습니다.

이날이 있기 전까지 한 번도 기자회견을 자청하거나 주최한 적이 없었기에 기자들 앞에서 제 생각을 이야기한다는 것 자체가 낯설고 쑥스러웠습니다. 하지만 정치를 마지막으로 정리하면서 이 참담한 사태에 대해 메시지를 전하는 것 또한 저의 의무라 생각했습니다. 그때 저는 서로 진영을 나누어 으르렁거리기만 하는 적대적 공생, '진영정치'에 혐오감을 많이 느끼고 있었고, 이러한 극단의 '혐오정치'와 '진영정치'가 강성 지지층을 자극하며 서로를 용납하지 못하는 단계에 이르러 결국, 12·3 쿠데타에 이르렀다고 생각했습니다.

진영 내 투사만을 양성하고 제대로 된 민생정책과 국가의 미래기획을 만들지 못하는 '진영정치'의 폐단은 국민의힘, 민주당 가릴 것 없이 모두가 반성해야 할 일이었습니다. 자신의 잘못을 바로보고 고치는 것에 인색하고, 공심(公心) 없이 온갖 욕망으로 가득 찬 정치인들이 나라를 이끌고, 상대방과 경쟁자에 대한 적개심으로 시기와 질투 거짓 공격과 모략만이 난무하는 후진적 정치 행태가 국민께 고통을 드리고 있었습니다.

저는 마지막이라는 심정으로, '진영정치 청산과 공심(公心)으로 하는 정치'를 이야기하고 싶었습니다. 대한민국에서 '진영정치'가 사라지고, 가치·기능 중심 정치, 국민을 주인으로 알고 국민을 받드는 진짜 정치가 실현되기를 희망한다는 메시지를 기자 앞에서 말씀드렸습니다. 극단적으로 양극화된 구조적 진영정치로 인해 정당의 지향 가치조차 사라지고 서로를 협력의 파트너가 아닌 제거의 대상으로만 보는 파탄정치가 국민께 이런 말도 안 되는 사태를 보여드린 이유라 생각했습니다.

지금 생각하면 부족하고 두서없이 말했지만 당시 모든 것을 내려놓고 극단의 양극화된 구조적 진영정치를 끝내야 한다고 진정으로 호소하고 싶었습니다. 기자회견을 하며 또다시 눈물을 흘렸습니다. 눈앞에 마주한 민주주의의 위기에 대한 참담함, 국민에 대한 송구함, 윤석열을 아직 끌어내리지 못한 답답함, 모든 것을 내려놓는 허탈함, 그리고 이제 철저히 고독한 길을 혼자 걸어가게 될 것에 대한 자각…, 이런 여러 감정이 뒤섞였던 것 같습니다.

그날 국민의힘의 단체 보이콧으로 투표가 불성립되어 탄핵 가결에는 실패했습니다. 하지만 수많은 국민이 힘을 함께하고, 주권자 국민의 의지를 세계에 알린 날이었습니다. 그렇기에 의미는 컸습니다. 이날의 윤석열 탄핵 시도는 그다음 주에 있을 진짜 탄핵을 위한 큰 준비 단계였다고 생각합니다. 그날의 긴박했던 순간과 고민은 저의 마음과 결단이 한 단계 성장하는 계기가 되었습니다.

2024.12.7. 탄핵 표결 후 기자회견

2024.12.8.

윤석열 탄핵 가결을 위한
멈추지 않는 걸음

12월 7일 저의 행동은 국민의힘에 큰 충격을 주었습니다. 특히 국민의힘 주류 의원들 사이에서 저로 인해 국민의힘 다른 의원들에게 파장이 이어져 탄핵 가결로 이어지지 않을까 염려하는 분위기가 느껴졌습니다. 국민의힘 지도부와 지지자들로부터 느껴지는 유·무언의 압박은 상당했지만, 이제 두려움 때문에 흔들리지 않았습니다.

12월 7일 이후 저는 마치 한 꺼풀 벗은 듯 더 강인해졌습니다. 12월 3일 밤의 결기와 각오, 그리고 12월 7일의 실행이 제게 '사명'을 주었기 때문이었습니다. 모든 걸 다 내려놓고 죽음까지 각오한 마음이 도리어 큰 힘을 주었던 것 같습니다. 암살당하거나 평생을 배신자로 낙인찍히더라도, 옳은 일을 했으니 후회 없다는 생각이었고, 그 생각에 더 큰 용기가 났습니다. 많은 것을 내려놓으므로 얻은 용기였던 것 같습니다.

다가오는 12월 14일의 탄핵 표결은 반드시 통과시켜야만 했습니다. 정기회에 동일 안건을 다시 올릴 수 없기에 이번에 통과시키지 못하면 한 달 이상 탄핵을 다시 시도하지 못하게 될 수 있었습니다. 그 사이에 무슨 일이 벌어질지 모르기에 12월 14일 표결은 매우 중요했습니다.

주말 동안 곰곰이 생각했습니다. 반드시 국민의힘에서 8표의 탄핵 찬성 표결을 이끌어내야만 했습니다. 그것만 해내면 저의 사명은 끝이라고 생각했고, 그다음은 생각하지 않았습니다. 오직 그 일에만 집중하기로 결심했습니다. '동료를 설득하고 표결하게 하라.' 저의 사명이었습니다. 공개적으로 탄핵 찬성을 이야기함으로써 국민의힘 당내 분위기를 바꿔야겠다고 생각했습니다. 가장 가까운 날로 기자회견을 잡고 설득 준비에 들어갔습니다.

기자회견은 공개적이었지만 설득은 철저히 보안을 유지하며 개별적으로만 이야기를 나누었습니다. 다행히 여러 의원님이 제 생각에 동의해 주셨고, 탄핵 표결 찬성에 함께 해주실 것을 말씀해 주셨습니다. 희망이 보였습니다. 이대로라면 안정적으로 최소 8명의 탄핵 표결 찬성을 확보할 수 있겠다는 생각이었습니다. 국민의힘 지도부가 지난 12월 7일처럼 집단 보이콧만 하지 않으면 승산이 있다고 판단했습니다. 그리고 성난 여론은 국민의힘이 집단 보이콧을 할 수 없도록 만들어주고 있었습니다.

2024.12.10.

탄핵 표결 찬성 기자회견

며칠 전 있었던 비상계엄의 여파로 아직 어수선한 국회 '소통관'에서 탄핵 표결에 공개 찬성하고 나아가 다른 동료의원들도 적극 설득하겠다는 취지의 기자회견을 강행했습니다. 당(국민의힘)내 저를 염려해 주는 의원님들이 분위기를 조금 더 살펴보자고 말리셨지만, 저의 이익을 위해 눈치볼 사안이 아니라 생각했습니다.

탄핵에 적극적으로 나서서 더 이상 윤석열이 폭주하지 못하게 멈춰 세우는 것이 보수당으로서 국민의힘이 해야 할 사명이라 생각했습니다. '혼자라도 끝까지 간다.' 조금은 긴장된 마음으로 연단에 서서 준비한 원고를 읽어갔습니다.

2024.12.10. 탄핵 찬성 기자회견

김상욱 국회의원 기자회견문

2024.12.10.

우선 이번 계엄 사태로 국가적 혼란과 심각한 외교적·경제적 손실이 발생하고 있는 점에 대해 여당 국회의원의 한 사람으로 국민에게 너무나 아픈 마음으로 머리 숙여 깊은 사죄를 올립니다.

보수의 가치는 공정, 합리, 자율과 자유의 가치를 믿고 지향하며, 헌법 질서와 자유민주주의를 수호하는 것입니다. 그런데 이번 비상계엄은 사유가 없어 반헌법적이고, 목적이 정치적 반대세력 척결이어서 반민주적입니다. 보수의 가치를 판단 기준으로 할 때 가치에 정면으로 반하여 용인할 수 없는 절대적 잘못입니다. 따라서 대통령은 즉각 집무를 정지하고 법의 판단을 받아야 합니다. 이는 명백한 것으로 상대의 하위 법령 위반이나 정치적 공격에 대한 방어 등으로 합리화될 수 없습니다. 다른 변명이 있을 수 없습니다. 엄하게 다스려 반복되지 않게 해야 할 국가범죄입니다.

이에 대통령의 사죄와 즉시 하야를 촉구합니다. 우리

여당에도 진지한 잘못 인정과 대통령 탄핵 협조를 요구합니다. 저는 오로지 보수의 가치 판단 기준인 헌정 질서 및 자유민주주의 수호 정신에 따라, 또 깊이 사죄하는 마음으로, 반헌법적 반민주적 비상계엄을 기획한 대통령에 대한 차회 탄핵 표결에 찬성합니다.

더하여, 우리 여당에서도 보수의 가치에 정면으로 위반한 대통령에 대한 탄핵에 함께 동참할 것을 요구합니다. 잘못에 책임 있는 여당이 국민에게 행동해야 할 최소한의 도리라고 생각합니다. 진정한 참회가 있어야 개선이 가능하다고 배웠습니다. 지금 우리 당은 그래야 합니다. 마음 아프고 참담하지만, 우리의 잘못을 우리 손으로 결자해지한다는 마음으로 탄핵 참여와 반성이라는 도리를 다해야 합니다. 이후 처음부터 다시 시작한다는 각오로 보수의 가치를 기준 삼아 한 걸음 한 걸음씩 국민의 신뢰를 다시 얻어가야 합니다. 그것이 보수정당이 가야 할 유일한 길이라 믿습니다. 진정성이 있다면 우리 보수당의 노력을 성숙한 국민께서 너그러이 받아주실 것입니다.

2024년에 비상계엄이라는 비상식적 행위가 이루어진 것은, 우리 정치권에 뿌리 깊이 자리 잡은 진영논리와 이에 기반한 상대방 악마화 보복 정치의 산물이라 생각합니다. 우리 편은 무조건 맞고 상대방은 무조건 틀리며 상대방은 절대 용납할 수 없다는 진영논리는 문재인 정권의 적폐청산 신드롬 이후 우리 사회 깊숙이 자리 잡아 끝없는 갈등을 만들어 왔습니다. 이제 이런 구태를 벗어야 합니다. 지금의 이 혼란이 반성하고 되돌아보며 바로잡을 수 있는 기회입니다.

여와 야 그리고 보수와 진보 모두에게 호소합니다. 우리 편도 틀릴 수 있고 상대편이 맞을 수도 있습니다. 이제 진영논리를 극복하기 위한 자정 노력을 시작하여 악마화와 보복 정치 그리고 극단적 대립을 이겨냅시다. 건강한 보수와 건강한 진보가 정책을 위해 논쟁하며 다름에서 배움을 얻고 발전을 촉진할 때, 대한민국은 정치가 일류인 국가가 될 것입니다. 지금은 국가적으로 대응해야 할 문제가 산적해 있습니다. 서둘러 혼란을 수습하기 위해서라도 서로를 더 이해하고 배려하며 소통하고 화합하려는 노력을 선배·동료 정치인들에게 당부드립니다. 그리고 국민께서도 대립과 갈등을 조장하는 정치가 아니라 소통과 화합, 공정과 합리를 추구하는 정치가 되도록, 보기 싫은 정치겠지만 더 관심 갖고 지켜보고 기억하고 판단하고 행동하여 주십시오. 대한민국은 국민의 것이며, 국민이 지켜주셔야 합니다.

2024년 12월 10일
국회의원 김상욱

2024.12.11.

권선동 원내대표 선출과 국민의힘의 탈선

12월 14일을 위해 준비해 가던 중, 국민의힘 신임 원내대표 선출이 다가왔습니다. 계엄에 동조한 것으로 의심받고 있던 추경호 원내대표의 후임으로 권성동 후보와 김태호 후보가 거론되어 경쟁했습니다. 김태호 후보는 반갑게도 '국민의힘은 12·3 내란과 단절해야 하고, 국민 앞에 머리 숙여 진정으로 사과하며 새롭게 바로잡아가야 한다'라고 주장했습니다. 김태호 의원의 비난을 각오한 충심 어린 메시지를 보며 국민의힘을 바로잡을 기회가 아직 남아 있다고 생각했습니다. 중진 의원님들의 용기 있는 언행을 갈망하고 있던 제게 바른 방향을 제시하는 선배 의원님이 계신다는 것이 큰 힘이 되었고 반가웠습니다. 김태호 의원이 원내대표가 되면 훨씬 덜 부담을 갖고 탄핵까지 이를 수 있을 것이라 기대했습니다.

그러나 윤석열과 권성동 의원은 정치검사 출신답게 상황을 잘 기획하는 능력이 있었습니다. 우연이라 할 수 없는 12월 11일 원내대표 선출 당일 아침, 윤석열은 2차 담화를 발표했습니다. 2차 담화의 내용은 충격적이었습니다. 1차 담화 때는 자신의 잘못을 반성하는 것 같았고, 모든 운명을 당에 맡기겠다고 하며 내려놓는 모습이었으나, 2차 담화는 정반대였습니다.

윤석열의 12월 11일 담화를 요약하면, '비상계엄은 구국 행위였다. 극우여, 봉기하여 나를 지키고 적을 무찔러라'라는 취지였습니다. 우려하던 일이 벌어진 것입니다. 윤석열은 자신의 사리사욕과 탐욕으로 비상계엄을 했던 것을 반성하지 않고, 끝내 대한민국을 혐오와 갈등, 극단의 진영 대결의 장으로 몰아넣어 버렸습니다. 윤석열이 쏘아 올린 혐오와 갈등의 공은 강성 지지층 중심으로 극단의 행동으로 이어질 것이 분명했습니다.

윤석열의 메시지는 비상계엄으로 충격받고 흥분한 국민을 더욱 자극할 것이 자명했습니다. 나아가 탄핵 트라우마가 있는 국민의힘 의원들과 강성 지지층은 극단적으로 결집하여 무리한 행동을 할 것이 예상되었습니다. 그 반국가적·반보수의적·반민주적·반양심적 움직임은 국민의힘 원내대표

선거에 즉시 영향을 주었습니다.

어려운 상황에서도 올바른 방향을 이야기하던 김태호 의원은 원내대표 선거에서 큰 차이로 낙선했습니다. 친윤석열계의 대표주자이자 윤석열을 국민의힘에 입당하도록 역할한 주역, 검사 출신 권성동 의원이 신임 원내대표로 선출되었습니다. 권성동 신임 국민의힘 원내대표는 취임과 동시에 발 빠르게 움직였습니다. 빠르고 영리하게 국민의힘 원내 단속을 시작했습니다. 윤석열 탄핵 찬성에 동조했던 의원들은 본인의 정치적·사회적 피해가 예상되자 빠르게 입장을 선회하거나 유보했습니다. 조용히 보안을 유지하며 탄핵 찬성에 힘을 보태기로 했던 의원들도 주저했습니다. 심지어 공개적으로 탄핵 찬성 입장이었던 의원들조차 입장이 미묘해졌습니다. 신임 권성동 원내대표는 그렇게 윤석열 지키기에 강력하고 효율적인 기능을 제공했습니다.

권성동 원내대표 선출 후, 의원총회 분위기도 급변했습니다. 탄핵 찬성을 이야기하는 의원들을 찾기 어려웠고, 심지어 12·3 비상계엄이 잘못되지 않았고, 민주당 때문에 어쩔 수 없었다는 의견이 당당히 주류적 견해가 되었습니다. 고삐 풀린 듯 국민의힘 원내는 편협함과 폭력성을 더해갔습니다. 의원들 간 사적 대화에서는 '이번 탄핵만 막으면 한 달 정도 시간을 벌게 되니 그때는 다시 진영이 결집하여 탄핵을 종국적·합법적으로 막을 수 있다. 상황이 악화되어 준(準) 내전 상황이면 다시 비상계엄을 할 수도 있다'라는 취지의 전망까지 등장했습니다. 대통령 하야에 대한 논의도 사라졌습니다. 위태롭게 느꼈습니다. 마음이 급했습니다. 자칫 어렵게 막은 12·3 쿠데타에 다시 불이 붙을 수 있다는 위급함을 느꼈습니다. 어떻게든 국민의힘 원내 분위기를 바꾸고 12월 14일 탄핵 가결이 이루어지도록 해야만 했습니다.

2024.12.12.

상황을 바꾸기 위해 피켓을 들며

표결까지 단 이틀, 시간이 없었습니다. 이대로라면, 국민의힘은 2차 탄핵 표결을 보이콧할 것이 분명했습니다. 권성동 신임 원내대표의 원내 장악력과 통제력은 예상보다 강력했고, 국민의힘의 '단일대오'는 12월 7일보다 더 단단하게 결속한 듯 보였습니다. 탄핵에 찬성 입장이었던 한동훈 당시 대표마저 힘을 잃고 사퇴 압박을 받고 있었습니다. 지금과 같은 분위기라면 탄핵 표결에 찬성표를 던질 의원들을 확보하기 어려웠습니다. 국민의힘이라는 '작은 사회' 안에서, 새로운 절대권력자의 절대명령은 추상같았습니다. 윤석열의 황당할 정도의 당당함은 국민의힘의 잘못된 권력에 명분과 힘을 주었습니다.

간절했습니다. 이번에 윤석열을 멈추지 못한다면 우리 대한의 민주주의는 멈추고, 심각한 진영 갈등으로 사회 혼란이 가속할 것이 불 보듯 했습니다. 막판까지 몰린 내란세력이 북한과 전쟁을 일으키거나, 제2의 비상계엄을 시도할 가능성도 있어 보였습니다. 아니, 거의 확실하다고 생각했습니다. 치열한 진영 갈등 속에 국가 경제는 파탄 나고, 많은 국민이 다칠 수도 있었습니다. 내란죄는 형량이 매우 높고 이미 반헌법 비상계엄을 실행한 자들이기에, 그들에게도 선택지가 없다고 생각했습니다.

나라를 구해야 한다는 절박함에 네 가지 세부 목표를 세웠습니다. '첫째, 국민의힘 내 분위기를 바꾸어야 한다. 둘째, 다수 국회의원을 대신하여 욕먹을 욕받이가 필요하다. 셋째, 국민의힘의 탄핵 보이콧을 막아야 한다. 넷째, 국민의힘의 의원들이 양심에 따라 행동할 심리적 압박이 필요하다.' 이를 위해 1인 피켓시위를 하는 것이 가장 효율적이라고 생각했습니다. 좌고우면할 여유가 없었습니다. 고마운 보좌진들이 저의 급한 결정에도 적극 도움을 주고 함께 준비해 주었습니다. 그들에게 깊은 고마움을 전합니다.

2024.12.13.

간절함으로

긴장된 마음 탓이었을까요. 겨울의 아침 바람은 옷깃을 더욱 여미게 했습니다. 국민의힘 선배·동료의원들의 양심에 호소하는 피켓을 들고 국회 본관 출입구에 자리하며 아침 햇살을 느꼈습니다.

저는 원래 나서는 것을 좋아하지 않습니다. 학창 시절 그 흔한 학급 반장 선거조차 나간 적이 없습니다. 묵묵히 할 일을 하는 것을 좋아했고, 남의 눈에 띄거나 화려한 것은 부담스럽게 여겼습니다. 그런 제가 참 어색하게도 혼자 국회 본관 앞에 피켓을 들고 섰습니다. 어쩌다 이렇게 되었나 하는 생각이 들고, 세상에 혼자 남은 것 같다는 고독을 잠시 느꼈지만, 이내 마음을 다잡았습니다. 어색하고 힘들고 부담스럽더라도 반드시 태산같이 꿋꿋이 버텨 내야 한다고 스스로 다짐했습니다.

국민의힘 선배·동료 의원들이 지나가면 할 수 있는 가장 공손한 인사를 드렸습니다. 최소 8명의 국민의힘 의원의 마음이 움직여야 윤석열을 탄핵할 수 있고, 이번에 탄핵하지 못하면 나라는 다시 풍전등화의 위험에 직면하게 됩니다. 지나가는 국민의힘 의원 한 사람, 한 사람의 결심이 무엇보다 중요했습니다. 간절한 마음으로 배고픔도 잊은 채 그 자리에 서서 호소했습니다.

국회 밖 멀리 윤석열 탄핵을 바라는 시민들이 모여 집회하는 것이 보였습니다. 말을 전할 수 없고 손을 잡을 수 없었지만, 함께하는 동지애를 느꼈습니다. 그 동지애와 연대는 제게 큰 힘을 주고 다시 한번 사명을 각인시켰습니다. 시민들께서 지켜낸 위험했던 12·3 계엄의 밤. 그 헌신이 헛되지 않게 굳건히 지켜내겠다 다짐했습니다.

여담이지만, 당시 국민의힘 선배·동료 의원님 중 몇 분이 저를 안쓰럽게 생각하며 '추운데 잠시 들어와 김밥 한 줄 먹고 해라' 하며 마음 써주셨습니다. 하지만, 그래서는 안 된다고 생각해서 그 자리에 그대로 머물렀습니다. 때마침 민주당 이소영 의원이 몰래 와서 김밥 한 줄을 주고 갔습니다. 소화가 되지 않아 몇 개 먹지는 못했지만, 그 마음이 전해져 참 따뜻하고 고마웠습니다.

2024.12.13. 탄핵 찬성 피켓시위

김상욱 국회의원 SNS 발췌

국가 혼란을 막기 위한 마지막 호소

2024.12.13.

　내일은 2차 윤석열 탄핵에 대한 표결이 있는 날입니다.

　우리 국민의힘 여당 의원님들께 탄핵안 찬성을 독려하고자 1인 피켓시위 중입니다.

　내일 탄핵 표결이 이루어지지 못하거나, 또는 통과되지 못한다면, 국가적 혼란과 또는 경제적·사회적 손실도 더 커질 수밖에 없다고 생각합니다.

　탄핵안 찬성이야말로 집권 여당으로서 국민께 진심으로 사죄할 수 있는 행동입니다. 보수의 가치를 기준으로 다시 처음부터 국민의 신뢰를 얻어 제대로 된 보수당, 제대로 된 진짜 국민의힘을 만들어야 합니다.

　간절합니다. 절박합니다.

　계엄해제를 바랐던 그때 그 마음으로 탄핵 찬성에 나서주실 것을 참담한 심정으로 호소합니다.

2024.12.14.

폭주하는 기관차
윤석열을 멈추었습니다

12월 14일 토요일, 윤석열을 탄핵할 수 있는 마지막 날이 밝았습니다. 저는 여전히 국회 본관 앞에 서 있었고 그날따라 더욱 밝은 아침 햇살을 느꼈습니다. 내일 아침 윤석열의 대통령 직무가 멈춘 새 세상의 아침을 상상했습니다.

윤석열은 폭주하는 기관차와 같았습니다. 멈춰 세워야만 했고, 오늘이 그날이어야만 했습니다. 오늘 멈추지 못하면 최소 한 달은 다시 탄핵안을 국회에 상정하기 힘들었고, 그 사이 진영 결집에 의한 극도의 사회적 혼란이 일어날 것이었습니다. 실제, 탄핵 가결 후 대한민국은 극도의 진영 갈등을 겪었고, 12월 말경 국민의힘 지지도가 급상승하는 등 비상식적 현상이 나타났습니다. 그 사회적 혼란이 현실이 된다면, 윤석열과 내란세력은 다시 재기하고 더 무도한 폭력 행위로 나아갈 명분을 얻게 될 것이기에, 2024년 12월 14일 그날이 마지막 기회였습니다.

국민의힘 지도부는 또다시 본회의장에 입장하지 않는 보이콧을 할 것이라는 소문이 돌았습니다. 표결을 무산시키는 가장 확실한 방법이라 생각했던 것 같습니다. 그러나 국회 앞에 결집한 시민들의 분노는 국민의힘이 국민을 무시하는 표결 보이콧을 용납하지 않을 태세였습니다. 표결 보이콧이 발생하지 않기를, 또 본회의 표결에서 8표 이상의 소신 탄핵 찬성표가 나오기를 간절히 기도했습니다.

제가 서 있던 본관 앞에서 그날은 국민의힘 의원들을 거의 볼 수 없었습니다. 국민의힘 의원들은 제가 서 있는 2층 본관 앞을 피해 1층과 지하를 통해 국회 본관으로 다수 이동했습니다. 그 말을 듣는 순간 '나의 호소와 바람이 국민의힘 의원들에게 영향을 주고 있구나' 안도와 감사를 느꼈습니다. 제가 서 있던 본관 앞을 당당히 지나가지 못할 만큼 위축되고 고민한다는 방증으로 여겨졌습니다.

국민의힘 원내지도부가 당내 의원들의 표 단속을 철저히 하고 있고, 그 결과 탄핵 찬성에 나설 의원이 거의 사라졌다는 보좌관의 보고를 받았습니다. 그리고 오후가 되자 권성동 원내대표가 둘이서 이야기 나누기를 청했습니다. 권성동 원내대표는 제가 마지막 설득 대상이고, 나머지는 설득이 다 되었으니 저의 노력이 무익하다는 취지의 이야기를 꺼냈습니다. 왜 혼자서만 당론에 따르지 않는지 알 수 없다며, 탄핵소추안을 상세히 보았느냐고 제게 물었습니다. 이어 "탄핵소추안에 추경호 전(前) 원내대표를 공범처럼 적시하고 있다. 윤석열을 인정 못 하는 마음은 이해하나, 동료를 다치게 할 수는 없지 않느냐. 동료란 비가 내리면 비를 함께 맞는 관계다. 사람의 도리를 생각하라. 그리고 선배들이 다 경험이 있고, 고민하고 내리는 결정이니 후배로서 잘 따라주면 좋겠다"라고 말했습니다.

저는 "바른길을 갈 때 함께 비를 맞는 것이지, 틀린 길을 갈 때 같이 비를 맞는 것은 잘못을 돕는 것에 불과하다. 추경호 전(前) 원내대표가 공범으로 적시되었다 하더라도 잘못이 있다면 어쩔 수 없고, 무엇보다 윤석열은 오늘 반드시 탄핵되어야 한다. 보수라면 헌법 가치 수호에 앞장서야 한다. 보수당이 헌법 파괴범을 옹호할 수는 없다. 그리고 이 일은 보수·진보의 문제가 아니라 국헌 질서와 민주정, 국민을 지키는 일이다"라며 저의 뜻을 고수했습니다. 권성동 원내대표는 어쩔 수 없다는 듯 저를 보며 혀를 차고, 어리석다는 핀

잔을 주고 나갔습니다.

다시 피켓을 들고 본관 현관 앞에 서며, 혹시라도 탄핵 찬성의 입장일 수 있는 국민의힘 의원들이 "추경호 의원을 공범처럼 적시했다"라는 말에 입장이 바뀔 수 있겠다는 염려가 들었습니다. 다급히 민주당 의원에게 전화를 걸어 추경호 의원에 대한 내용도 들어가 있느냐고 물었고, 사실을 확인했습니다. "추경호 의원에 대한 것은 핵심도 아니고, 어차피 형사 절차로 진행될 것이니 지금은 윤석열 탄핵에 관한 사안만 집중해서 탄핵소추안을 준비하면 국민의힘 의원들을 설득하기 더 좋을 텐데…"라는 아쉬움이 들었습니다. 그러나 이미 내용을 바꿀 시간이 없었고, 민주당 역시 그럴 의사가 없었습니다. 저는 국민의힘 의원들이 이 사유로 탄핵 찬성의 마음을 바꾸지 않기를 간절히 기도했습니다. 그날 탄핵안을 반드시 가결해야만 했습니다. 마지막 기회라 생각했습니다. 하지만 상황은 쉽지 않아 보였습니다.

표결 시간이 다가왔고, 보좌관으로부터 "국민의힘이 탄핵 표결에 참석하기로 했다. 원내지도부가 탄핵 찬성 의견을 바꾸도록 설득하는 데 성공했기에 탄핵 표결에 참석하더라도 탄핵을 부결시키는 데 어려움이 없다고 판단한 것 같다. 거수로 탄핵에 찬성할 사람을 물었는데 거의 없었다고 한다"라는 말을 들었습니다. 탄핵 표결에 참석한다는 소식에 안도했지만, 동시에 탄핵에 찬성하겠다는 의사를 표시한 국민의힘 의원들이 거의 없었다는 말과 권성동 원내대표가 탄핵 찬성 의원들이 반대하도록 거의 다 설득했다는 말이 큰 염려로 다가왔습니다.

국회 본회의장에 다시 들어서자 며칠 전 이곳에서 비상계엄을 해제하던 때가 생각났습니다. 역사의 중요한 변곡점에 제가 서 있음을 느꼈습니다. 탄핵 투표지에 '가(可)'를 써놓고 투표함에 고이 넣었습니다. 그리고 자리로 돌아가 간절히 기도했습니다. "대한을 버리지 않으셨다면, 오늘 윤석열을 꼭 대통령 직위에서 탄핵 가결해 주소서. 오늘이 아니면 대한은 더 큰 혼란과 갈등과 혐오 속에 돌이킬 수 없는 어려움에 처합니다." 국민의힘 의원들 사이에 외로이 홀로 앉아 기도만 했습니다. 간절했습니다. 다른 어떤 것도 시야에 들어오지 않았습니다.

다행히 그날 윤석열에 대한 탄핵은 찬성 204표로 가결되었습니다. 원내지도부의 압박과 설득에도 불구하고 최소 12명의 국민의힘 의원들이 양심에 따라 탄핵 찬성 표결을 한 것이었습니다. 감사했고, 감격했습니다. 우원식 국회의장님의 경쾌한 세 번의 방망이질 소리가 막혀 있던 대한민국의 정기가 다시 흘러가는 것을 표현하는 것 같았습니다.

그러나 폭주 기관차를 겨우 멈춰 세웠을 뿐, 정치인으로서 현 상황에 대한 책임은 더욱 무겁게 다가왔습니다. 정치를 잘못하여 전 국민이 염려하는 상황에 놓이고 민주정이 파괴될 위험에 처했으며, 결국 국민은 큰 피해를 입었습니다. 정치를 하는 모든 사람이 함께 되돌아봐야 할 참사라 생각했습니다.

국민의힘 의원들은 탄식하며 나갔고, 민주당 의원들은 환호하며 나갔습니다.

저는 어디도 갈 곳이 없었습니다. 국민의힘 의원들과 함께 나갈 수도, 민주당 의원들과 탄핵 가결을 기뻐할 수도 없었습니다. 그 자리에 멍하니 앉아 처음으로 "이제 어떡하지"라는 생각을 했습니다. 윤석열이라는 폭주 기관차를 멈추었다는 안도감, 해냈다는 감사함, 이제 무엇을 해야 할지 모르는 허탈함과 공허함, 역사의 변곡점에 있었다는 감상이 한꺼번에 몰려왔습니다. 시민들의 기쁨의 함성과 국민의힘 일부 지지자들의 깊은 탄식을 함께 들으며 국회의사당을 마지막으로 걸어 나왔습니다. 갈 곳이 없었습니다. 간절히 기다리던 그 순간이 드디어 왔지만, 저는 아무것도 할 수 없었고, 어디에도 갈 수 없었으며, 누구와도 이야기할 수 없었습니다. 그렇게 '배신자'의 낙인을 달고 조용히 국회를 빠져나와 모자와 마스크로 몸을 가린 채 서울을 벗어났습니다.

2024.12.14. 2차 탄핵 표결

태어나 처음으로 국회의원 선거를 준비할 때, 울산 농수산물시장 상인이 건넨 글귀입니다. 저는 이 글귀가 좋아서 선거홍보물 책자 뒷면에 그대로 실었습니다.

    青대같이 곧은 사내
    그런 사내 어디 쉬운가
    남의 꽁무니만 빌빌 쫓아다니는 무리 속에서
    의젓하게 고개를 치켜들고
    바른 일에 담대하고, 사소한 일에 너그러운
    그런 사내가 어디 쉬운가
    돌아앉아 남의 허물만 뜯고
    호신술만 급급한 무리 속에서
    바른 말만 대지르는 강직하고 늠름하고
    눈이 이글이글 타는
    그런 사내가 어디 쉬운가
    대낮에 초롱들고 서울 거리를 뒤져본들
    소심하고, 옹졸하고, 비겁하고, 무례한
    제 실속만 채우는 무리 속에서
    青대같이 곧은 사내

그런 사내 어디 쉬운가
그게 누구냐고
靑대같이 곧은 사내
동짓말 밤하늘 별 같은 사내

2024.12.15.

내란 극복의 두 번째 관문을 넘어, 세 번째 관문으로

탄핵 가결이 이루어지고, 대한민국은 완전히 새로운 세상으로 들어간 것 같았습니다. 12월 3일 내란의 밤, 그리고 12월 7일 첫 표결과 12월 14일 두 번째 표결을 거치며 저 역시 미몽에서 눈을 뜨고 '진실과 용기'에 대해 각성하기 시작했습니다. 윤석열이 계몽을 위해 계엄을 했다는데, 사실은 제가 계몽된 것 같았습니다. 당연하다고 여겼던 것이 당연한 것이 아님을, 깨어 있음에 취하는 것마저 경계하는 진짜 깨어 있음을 지켜가야 함을 온 가슴으로 각성하였습니다.

두 번째 표결이 지난 후, 고 김대중 대통령님과 고 노무현 대통령님, 고 김영삼 대통령의 일대기와 생전 일화와 말씀을 찾아 읽었습니다. 그분들과 마음이 연결되고 싶었습니다. 그분들의 삶에서 배우고, 그분들께서 못 이룬 꿈을 이루고 싶었습니다. 철저히 혼자 된 시간이었지만, 위대한 선각자가 계셨기에 그 안에서 위안을 얻었습니다. 하루 내내 혼자 있으면서 지나온 날들을 돌이켰습니다.

수많은 문자와 전화가 핸드폰에 쇄도했습니다. 저주하고 욕설하는 내용이 대부분이었습니다. 처음에는 답장하려 했지만, 너무 많이 쏟아지니 휴대전화 사용이 불가능해 답장도 포기할 수밖에 없었습니다. 특히 저를 지지하던, 가까이 알고 지내던 국민의힘 지지자들의 질타와 원망은 더 마음이 아팠습니다. 아무리 설명해도 '배신자'에 불과했습니다. 하지만 어떤 비판을 받더라도 백 번을 다시 돌려도 그리했을 것이라 자위했습니다. 어차피 모든 것을 잃을 각오로 시작한 일이었습니다.

2024.12.16.

보수의 재건은
보수 가치 정립에서부터

이제 보수당, 국민의힘을 다시 바로 세워야 했습니다. 국민을 받드는 정당, 당헌에 충실한 정당으로 처음부터 새로 시작한다는 마음으로 거듭나야만 했습니다. 저는 계엄과 탄핵으로 만신창이가 된 국민의힘의 재건은 보수당답게 '보수의 가치'에 집중하고 철저히 반성하며, 처음부터 작은 곳에서부터 다시 국민의 신뢰를 얻어가는 것이라 생각했습니다.

그러나 국민의힘 원내는 탄핵 가결 후 충격에서 벗어나지 못했습니다. 저는 탄핵 가결 후 의원총회에 참석하지 않았으나, 한동훈 대표에게 심한 모욕이 있었다 하고, 비상계엄을 해제했던 배신자들을 응징하자는 취지의 격한 발언까지 있었다고 들었습니다. 나중에는 의원총회 녹취록까지 유출

되었는데, 저는 의원총회에 참석하지도 않았지만, 제가 유출한 것이라고 악의적인 소문까지 돌았습니다. 저는 그렇게 비겁한 짓은 하지 않는데, 국민의힘에서는 저를 '배신자'로 단정하고 저에 대한 최소한의 신뢰마저 거둔 것 같았습니다.

국민의힘이 보수당으로 새롭게 바로 서야만 한다고 생각했습니다. 하지만 국민의힘 원내 의원들에게서는 아무리 생각해도 동력이 나올 수 없었습니다. 도리어 강성 지지층에 호소를 더해 원내 의원들이 자신의 당내 정치적 영향력을 키우는 기회로 삼을 것 같았습니다. 고민 끝에 국민의힘의 변화를 위해 믿을 것은 오로지 국민의힘 당원들과 지지자들뿐이라 생각했습니다. 가능한 한 언론에 많이 나가서, 국민의힘의 현재 문제와 나아갈 방향에 대해 뜻을 전해 지지자들이 변화를 주도하도록 해야겠다고 결심했습니다. 비록 계란으로 바위 치기에 불과하고 깨지는 것은 계란이겠지만, 그럼에도 할 수 있는 최선을 다하는 것이 당을 위한 저의 충심이자 의무라 생각했습니다.

김상욱 국회의원 SNS 발췌

보수의 재건,
원칙과 가치에서 시작해야 합니다

2024.12.16.

보수는 헌정 질서와 자유민주주의 수호가 목숨보다 귀한 절대적 가치로 여깁니다. 그런데 윤석열은 비상계엄으로 헌정 질서를 파괴하고 자유민주주의를 부정하며 보수를 갈라치기함으로써 보수의 가치를 정면으로 훼손했습니다. 보수의 배신자입니다. 당장 전쟁이라도 벌일 수 있었던 불안정한 윤석열을 막는 것이 무엇보다 급선무였고, 다행히 탄핵으로 폭주하는 기관차를 멈춰 세웠습니다.

이제 보수를 다시 재건해야 합니다. 국민의힘 원내는 군사독재와 비상계엄조차 옹호하는 극우세력과 권력과 기회만 탐하는 구태 그리고 합리적 보수를 지향하는 보수세력이 서로 섞여 있습니다. 그러나 불행히도 지금은 합리적 보수 지향 세력보다는 극우적 권력 지향적 세력이 주력이 되어 있습니다. 이것이 이번 반헌법적 비상계엄 사태의 근본 원인이라 생각합니다.

국민의힘 지지층 역시 중도보수층이 이탈하고 극렬 지지층만 남게 됨에 따라 극우적 파시즘 성향이 더욱 강화되고 있습니다. 또한, 박근혜 탄핵 사태 후 나쁜 경험이 학습되어 극렬 지지자를 중심으로 버티면 기회가 다시 온다는 반성하지 않는 생각이 주류입니다. '극우여, 봉기하라!'는 대통령 담화도 그 연장선상입니다. 그 결과 보수는 보수의 가치를 중심으로 쇄신하지 않고, 더욱 극렬 맹목 지지층을 끌어모아 버티는 전략을 취할 가능성이 크고 실제 그렇게 흘러가고 있습니다.

국민의힘은 비상계엄을 선포해 헌정 질서를 무너뜨린 대통령이 속한 정당입니다. 그렇기에 극우적 파시즘 성향을 극복하지 못하면 헌법에 반하는 위헌 정당으로 판단되어 자칫 정당 해산까지 이르게 될 위험한 상황에 처할 수 있습니다. 국가와 국민, 자유민주주의 그리고 보수와 정당의 미래를 위해서라도 극우적 파시즘은 경계해야 합니다.

지금 국민의힘에 놓인 가장 중요한 과제는,
1. 반헌법적 비상계엄에 대한 진지한 국민 사죄,
2. 당내 극우적 파시즘적 성향 배격,

3. 극렬 지지층이 아닌 합리적 보수가 중심 지지층이 되도록 지지층 변화,
4. 권력 지향이 아닌, 보수의 가치를 중심으로 하는 가치 중심 정당으로 변화해야 합니다.

이것을 해내지 못하면, 위헌 정당 해산, 극렬 극우 파시즘 외 일반 국민의 지지 상실, 영남 정당을 벗어나지 못하는 한계 등으로 점차 소멸의 길을 걸을 수밖에 없습니다. 정당은 정권 획득이 목적이 되어서는 안 됩니다. 정당은 정당이 추구하는 가치를 정립하고, 이를 국가와 국민을 위해 실행함으로써 공익에 기여하는 것이 목표여야 합니다. 정권 창출은 그 과정에서 국민이 선택하여 결정하는 것입니다. 국민의힘은 소수 극우 파시즘 위헌 정당이 될 것이냐, 아니면 보수의 가치를 추구하는 정통 보수정당으로 거듭날 것이냐의 갈림길에 있습니다.

2024.12.18.

윤석열 탄핵을 위한 지리한 기싸움

윤석열 탄핵소추안 가결 후 첫 여야 대표 상견례가 있었고, 권성동 원내대표와 이재명 당시 더불어민주당 대표는 국정 안정 협의체와 헌법재판관 임명 등을 논의했습니다. 비상계엄 관련 수사에서는 여인형 방첩사령관이 "윤 대통령이 7개월 전부터 비상계엄 필요성을 언급했다"는 취지의 진술을 하며, 이번 사안이 사전에 계획된 비상계엄임을 추단케 했습니다.

아울러 탄핵에 대한 헌법재판을 진행해야 했지만, 당시 헌법재판관이 6인에 불과하여 정원에서 3명이나 부족했습니다. 이에 따라 추가 임명해야 하는 문제가 있었고, 헌법재판소의 판단 시점이 다가오면서 이 문제는 여야 간 팽팽한 줄다리기가 예견되었습니다. 탄핵 가결은 이루어졌지만,

여전히 긴장감이 감돌았습니다. 원활한 탄핵 절차 진행을 장담하기 어려웠습니다.

당시 저는 향후 대한민국 정치 구조가 불안정해질 것에 깊은 우려가 있었습니다. 윤 대통령은 반헌법·불법 비상계엄에 대한 책임으로 탄핵당해야 마땅하고, 국민의힘 역시 역사적·정치적 책임을 피할 수 없을 것이기에 수권 정당의 자리에서 내려와야 이치에 맞습니다. 그렇게 되면 더불어민주당이 집권하게 될 텐데, 국회 내 절대다수 의석을 가진 거대 집권 여당의 탄생을 의미했습니다.

문제는 국민의힘이 건강한 보수정당으로 야당의 기능을 제대로 수행하지 못하게 될 가능성이 크다는 점입니다. 국민의힘이 지금처럼 탄핵의 강을 건너지 못하고 윤석열에게 매몰되어 '내란당'이라는 원죄를 안고 간다면 국민의 신뢰를 회복하지 못하여 최소한의 야당 기능조차 수행이 불가해지고, 궁지에 몰린 국민의힘은 더욱 극단적 '탈선'을 감행할 것입니다.

집권 거대 여당이 된 민주당은 견제 세력이 없어 권력 독주의 유혹을 받게 될 것이고, 국민의힘 탈선을 이유로 더욱 독선하며 '폭주'할 수 있으며, 그것은 다시 국민의힘 탈주를 부추기는 악순환에 빠져들 것을 염려했습니다. 그 상태에선 오로지 민주당의 선의(善意)에만 대한민국의 현재와 미래를 기대해야 하는, 견제와 균형이 사라진 불안정한 정치 생태계가 조성됩니다. 제22대 국회의 임기가 아직 3년 가까이 남은 점을 감안한다면, 어떻게든 국민의힘이 최소한의 야당 기능이라도 할 수 있도록 하는 것이 대한민국 정치 생태계의 건강함에 도움이 된다고 판단했습니다. 그것이 당시 제가 해야 할 사명이었습니다.

국민의힘이 건강한 야당 기능을 수행하기 위해서는 윤석열과 단절하고, 비상계엄 저지와 계엄해제에 적극 나서지 못한 것을 사과하고, 국민께 모든 걸 내려놓고 바닥에서부터 신뢰를 회복하겠다고 선언하는 것이 반드시 필요한 첫 출발점이었습니다. 말로만 할 것이 아니라, 내란 수사에 적극 협조하고 엄정한 당내 자체 조사를 실시하여 12월 3일 내란에 직·간접적으로 련 있는 자들을 징계·제명 및 고발 조치해야 했습니다. 국민의힘을 위해서가 아니라, 대한민국의 건강한 정치 생태계 복원을 위해서라도 꼭 필요한 중요한 과제였습니다. 무엇보다 국민을 주인으로 생각한다면 당연히 해야 할 조치였습니다.

윤 대통령에 대한 탄핵은 이루어졌지만, 이 과제를 수행해내지 못하면 국가의 불안정성은 계속된다고 생각했기에 이 날부터 또다시 절박한 마음으로 국민의힘의 변화를 촉구해 갔습니다. 그 길은 '내부 총질', '배신자', '관종'이라는 비아냥과 공격을 감내해야 하는 외로운 길이었지만, 그래도 걸어가야만 하는 사명이라 생각했습니다.

2024.12.19.

보수의 가치를 잃어버린 국민의힘

폭주 기관차 윤석열을 멈춰 세웠지만, 끝이 아니었습니다. 국민의힘은 권영세 비대위원장과 권성동 원내대표의 투톱 체제가 확립되며 당내 단속과 윤석열 보호에 집중했습니다. 계엄에 책임 있는 국무위원이었던 김문수는 국민에 대한 최소한의 도의적 사과도 거부했습니다. 그러한 무책임하고 거만한 모습이 도리어 강성 극우층에 어필하며, 김문수 신드롬이 보수 진영에 불어왔습니다.

첫 단추가 중요하다고 했던가요. 국민의힘이 꼭 그랬습니다. 계엄 날 계엄해제에 적극적으로 나서고, 윤석열 탄핵에 동참하고, 계엄에 책임 있는 자를 징계했더라면 정상 보수의 길로 회복할 수 있었을 것이나, 국민의힘은 그 반대로만 움직였습니다.

왜 그랬을까 많이 고민했는데, 옳고 그름을 따지기보다 오로지 정치적 유불리만 생각하는, 좁고 비겁한 이해계산에 바탕한 '자기정치'가 문제였다고 생각합니다. 각 지역구 국회의원들은 각자의 지역에서 기득권을 수호하는 것이 가장 중요했을지도 모릅니다. 각 지역 호족과 같은 지위를 가진 분들이 국회의원이 되고, 그들은 지역의 정치·경제·언론·문화·사회를 모두 장악하고 카르텔을 형성합니다. 그 카르텔을 지키고자 같은 입장인 의원들이 서로 연합하고, 그 연합된 힘으로 당권을 장악하여 다음 공천에서 안전판을 마련합니다. 실질적인 나랏일을 하기보다는 진영정치로 자신의 정치적 세력을 구축하고, 국가 사무에 집중해야 함에도 오로지 지역에서 행사돌이, 악수돌이로 기득권을 유지하는 데만 몰두했습니다. 그렇게 거시적 관점 없이 오로지 눈앞의 자리보전과 기득권 수호에 매몰되어, 그들의 기득권을 지켜줄 바지사장을 찾아나서고, 그 바지사장을 통해 권력을 계속 지켜가려 합니다. 그런 정치는 이념도 없고 방향성도 없으며, 국민을 위한 고민과 실천도 없습니다.

이런 정치의 낙후와 부패는 비단 국민의힘만의 일은 아닙니다. 어느 정당이나 쉽게 일어날 수 있는, 마치 우리 몸에 암세포가 자라는 것과 같습니다. 그렇기에 주기적으로

검진하고 경계하며, 정당의 건강함을 유지해야 합니다. 우리 몸의 건강함을 지키기 위한 면역세포가 필요하듯, 정당의 건강함을 유지하기 위해서도 공심(公心) 없이 사심(私心)에 몰두하는 자기정치를 걸러낼 면역체계가 정상 기능해야 합니다. 하지만 2024년 12월의 국민의힘은 비상계엄과 탄핵의 중대 국면에서도 여전히 지역구 국회의원들의 기득권 수호에만 몰두하고 있었습니다.

2024.12.22.

남태령 행진 그리고 진영정치에 대한 고찰

추운 날이었습니다. 이 추위를 뚫고 남태령으로 농민들이 트랙터 상경 집회를 시도했고, 경찰이 차벽으로 막아 세웠지만, 28시간의 대치 끝에 드디어 용산 대통령 관저로 행진할 수 있었습니다. 눈까지 내리는 악천후였지만 시민들은 놀라운 용기와 끈기로 주권자의 의지를 지켜냈습니다. 행진을 마친 후에는 약속한 대로 평화적 집회 마무리까지 민주시민 의식을 보여주었습니다.

국회 행정안전위원회 위원으로서 저는 경찰청에 시민의 정당한 집회·시위를 함부로 차단하지 말고, 시민이 다치지 않게 각별히 유의할 것을 요청했습니다. 12월 3일 내란에 대해 국민은 분노로 항의할 권리가 있었습니다.

남태령을 바라보며, 서로를 적으로 규정하는 고질적인 진영정치를 고민했습니다. 진영정치는 상대를 악마화하고 거친 말로 비난하며 공격함으로써 상대를 박멸의 대상으로 설정하고 진영을 구성합니다. 구성된 진영은 '전쟁 중'이기에 진영 내부의 다른 목소리를 용납하지 않습니다. 전쟁 중에는 한가롭게 우리 편이 옳은 편이냐 나쁜 편이냐를 생각하지 못하게 되고, 수단의 옳고 그름도 고려하지 못합니다. 그냥 시키는 대로 잘 수행하는 기계적 충성을 요구합니다. 동시에 진영을 형성하여 상대 진영과 전쟁 중이니, 지도부의 의견에 토를 다는 것은 이유 여하를 불문하고 '적과의 내통'으로 간주하여 내부의 적으로 처단합니다. 나라의 민주화는 이루었어도 정당정치는 여전히 진영정치의 독재가 진행 중입니다.

자신의 욕망 때문에 서로를 적으로 간주하는 진영정치의 폐단은 여기서 그치지 않습니다. 상대방과 잘 싸우는 것을 최고의 기능으로 간주하며 본연의 역할과 업무 수행을 간과하게 됩니다. 일 잘하는 사람보다 싸움 잘하는 사람만 인정받는 결과가 되기 쉽습니다. 지도부가 시키는 대로 '무지성 돌격 앞으로' 하는 사람만 유능한 인재로 대접받는 것입니다. 무엇이 옳은지, 더 좋은 대안은 없는지 고민해야 합니다. 하지만 실질적인 정책과 일을 하려는 사람은 '내부의 적'으로 규정되거나 '무능한 사람'으로 낙인찍혀 도태됩니다. 소위 공천을 주지 않습니다. 결국 시간이 지나면 옳고 그름을 따지지 않고 그저 시키는 대로 매섭게 잘 싸우는 사람이 다선(多選) 의원이 되고 다시 당의 지도부가 됩니다. 판단 능력이 없는 기회주의자들이 당 지도부가 되어버립니다. 적대적 공생, 진영정치의 폐단입니다. 진영정치는 이렇게 악화가 양화를 구축해 버려서 정치 생태계 전체를 엉망으로 만들어 버립니다.

스스로 생각하고 판단하여 행동하고 책임지는 것이 진정한 경험의 축적일 텐데, 진영정치에서 경험의 축적은 그 반대입니다. 그저 맹목적 상명하복 돌격 대장. 마치 좀비와도 같은 상태. 소신을 갖거나 바른 말을 하면 도태됩니다. 시간이 갈수록 노회한 정치적 이해계산과 무리 형성, 가벼운 모략만이 남고 현명함과 유능함, 그리고 진정성은 사라져 갑니다.

진영정치의 가장 본질적 문제는 주권자인 국민을 '도구'로 본다는 것입니다. 권력을 지키고 경쟁자를 없애기 위해 국민을 도구로 간주하는 부도덕함. 그래서 주권자인 국민은 진영정치의 선동에 굴복해서는 안 됩니다. 진영정치 극복의 열쇠는 작게는 정당의 당원, 크게는 주권자 국민이 정확하고 현명하게 정치를 살펴보는 것에 있다고 생각합니다. 그러나 국민의힘은 오래된 원내지도부와 중진 중심과 상명하복 문화 등으로 인해 '기득권 수호 목적 배타적 연대에 바탕한 진영정치'를 극복할 동력을 잃어갔습니다.

2024.12.24.

찾아온 크리스마스

어김없이 크리스마스이브가 찾아왔습니다. 하지만 세상은 사랑과 평화보다 분열과 갈등, 증오와 혐오로 가득했습니다.

12월 3일 내란과 관련해서 새로운 말들이 쏟아져 나왔습니다. 그 내용은 '원점 타격하면 북한이 반격할 것', '평양 무인기 증거 없애려는 시도', '국회의장을 체포하려고 공간에 군인 투입' 등 하나같이 기괴했습니다. 그 기괴함은 정당과 진영을 떠나 단죄해야 마땅한 것임에도, 진영정치와 자기정치로 고착화된 정치세력은 그 틀을 넘어서지 못했습니다.

크리스마스라 오랜만에 울산을 찾았지만, 저는 스스로를 감추고 밀행할 수밖에 없었습니다. 울산에서 12년간 변호사

생활을 했습니다. 좋은 평판을 가진 변호사가 되고 싶었고, 부끄럽지만 나름의 성공을 거둔 변호사였습니다. 오랜 기간 서로 신뢰를 쌓아온 고마운 사람들이 '윤석열 탄핵에 앞장선 배신자', '김상욱 때문에 윤석열이 탄핵되었다'며 한순간 돌변하여 비난하고 공격하고 원망했습니다.

저와 함께 뜻을 모았던 많은 분이 고개를 돌렸고, 제가 믿고 있던 많은 분이 외면했습니다. 지역구의 시의원·구의원들은 본인의 다음 공천을 생각해서인지 더욱 매몰차게 비난하고 음해했습니다. 정치인에게 중요한 지역의 지지 기반이 완전히 붕괴했고, 사회적 외톨이가 되었습니다.

처음 마음먹었을 때, 평생 배신자의 낙인 속에서 살 수밖에 없음과 사회적·정치적·경제적 기반이 모두 붕괴할 수 있음을, 경우에 따라 억울한 누명을 뒤집어쓰고 형사 공격까지 받을 수 있음을 모두 각오했습니다. 그러나 각오했다 하더라도 가까운 사람들로부터 받은 상처는 제게도 큰 미안함과 아픔으로 남았습니다. 저와 가깝다는 이유만으로 저로 인해 고초를 겪었던 많은 분께 깊은 송구함과 감사함을 올립니다.

정치라는 것이 이렇게 마음에 미안함을 쌓아가는 일인 것 같습니다. 가까운 분들의 희생과 마음의 미안함을 쌓아가며 하는 무겁고 무서운 일이 정치이기에, 잘하지는 못하더라도 최소한 '바르게'는 해야 합니다.

2025.12.27.

한덕수 탄핵

윤석열이 12월 3일 밤 '총 쏴서라도 끌어내', '도끼로 문 부수고 끄집어내라', '두 번 세 번 계속 계엄하면 돼'라는 취지의 지시를 했음이 연이어 언론에 보도되었습니다. 내란의 밤, 그날 막연히 두려웠던 그 일들이 실제 지시되었다는 것에 다시 한번 충격을 받았습니다.

그러나 윤석열은 여전히 반성하지 않았고, 국민의힘은 윤석열을 보호하려 했습니다. 이날 헌정 사상 처음으로 대통령 권한대행에 대한 탄핵소추안이 국회를 통과했습니다. 윤 대통령의 탄핵 심판을 맡을 헌법재판관 임명을 한덕수 대행이 거부하였고, 야당이 곧바로 탄핵에 나섰으며, 최상목 경제부총리가 대통령의 권한과 국무총리의 직무를 대행하게 되었습니다.

저는 국회 본회의장에 있으면서 표결에 참여하지 못하는 해프닝을 겪었습니다. 국민의힘 의원들이 본회의장에 들어와 의장에 단체로 나가 표결이 마무리될 때까지 계속 항의하다가, 표결 마무리 선언이 있으니, 단체로 퇴장하였습니다. 저는 가장 앞자리다 보니 얼떨결에 항의하는 국민의힘 의원들 한복판에 갇혀 버렸고, 국민의힘 의원들에게 항의하는 차원에서 꼿꼿이 선 채 정면만 응시하였습니다. 국민의힘 의원들이 왜 같이 항의하지 않느냐며 질책했지만, 꿈쩍하지 않고 정면만을 응시한 채 서 있었습니다. 기운이 다 소진되는 시간이었습니다. 혼자서 국민의힘 의원 다수와 무언(無言)의 싸움을 하는 것 같았습니다.

정상적인 표결 절차 진행이 불가하니 항의가 끝나면 표결이 진행될 것으로 여기고 기다리고 있었는데, 의장님이 표결 종결을 선언하셨습니다. 저는 '어떻게 된 거지?'하고 당황했고, 기다렸다는 듯 국민의힘 의원들은 집단 퇴장해 버렸습니다. 초선이다 보니 이런 경험이 처음이라, 이런 항의 상태에서도 표결은 진행되고 투표함은 앞쪽이 아니라 뒤에 임시로 배치된다는 사실을 몰라서 생긴 해프닝이었습니다. 조경태 의원님은 가장 뒤쪽 자리라 표결에 참석하셨는데, 마치고 나서 "저 좀 데려가시지 그러셨어요"라고 말씀드리니, "그래, 김 의원 초선이라 이런 경우 당황스럽지. 앞으로 알려줄게요"라고 하셨습니다. 중요한 표결이었는데 경험이 부족하여 제대로 표결에 참여하지 못한 아쉬움이 컸습니다.

2024.12.28.

국민의힘의 적이 되어

연일 12·3 내란과 관련한 새로운 사실들이 드러나고 있음에도 윤석열과 국민의힘은 탄핵 원천 무효를 주장하며 반성하지 않았습니다. 이런 중 최상목 경제부총리가 대통령의 권한을 대행하는 초유의 사태가 시작되었습니다. 경찰에서는 추경호 당시 원내대표를 소환하여 조사하였고, 당내에서는 '추경호 원내대표 조사는 김상욱 때문이다'라며 저에 대한 비난의 강도가 더해졌습니다. 아마 12·3 내란 당일 추경호 원내대표가 국민의힘 의원들을 당사로 소집하고, 본인은 본관에 있으면서도 본회의장에 오지 않은 것에 분개하여 큰소리로 욕설했던 것 때문에 더욱 비난의 대상이 된 것 같았습니다.

선배에게 욕설한 것은 용납할 수 없는 일이라는 비난을 많이 받았습니다. 제 언행이 거칠었던 것은 송구한 일이나, 국체가 위협받고 국민께서 생명을 걸고 불법 비상계엄을 막던 당시 여당 원내대표로서의 행동을 반성하지 않고 그 일을 비난한 것을 문제 삼는 것은 참 이상한 일이라 생각했습니다. 비록 초선이고 어린 국회의원이지만, 헌법과 국체와 국민을 수호하는 일에 있어서는 욕설뿐 아니라 무엇이든 해야 할 의무가 있었습니다.

당시 저를 공격하는 것은 '국민의힘에 대한 충성을 입증'하는 것과 동의어였던 것 같습니다. 심지어 중앙정치에서 떨어져 있던 홍준표 당시 대구시장마저 '암 덩어리, 독두꺼비'라며 공격에 가세했습니다. 바야흐로 김상욱을 밟고 가야만 당성이 입증되는 시대가 된 것입니다. 그럴수록 더 열심히 국민의힘 지지층에 호소했습니다. '보수당은 보수의 가치를 알고 수호하고 실천함에 존재 이유가 있습니다', '보수당의 가치는 헌법을 수호하고 사회를 안정 및 통합시키는 데서 시작합니다', '헌법을 부순 윤석열을 단죄하고 보수의 가치를 기치로 새로 시작합시다.' 대한민국 정치의 건강함을 위해서라도 국민의힘이 정상화되기를 희망했습니다.

김상욱 국회의원 SNS 발췌

일요일 아침 홍준표 시장을 보며

2024.12.29.

홍준표 대구시장이 어제 조경태, 김예지, 김상욱을 제명해야 한다며 종양은 살이 되지 않는다고 했습니다. 아침 눈 뜨자마자 제가 평소 학교 선배로 좋아하던 홍준표 시장의 저격 글에 혹세무민을 느끼며 안타까움이 컸습니다. 특히 '종양이 살이 되지 않는다'라는 대목이 많이 와 닿았습니다. 문제는 누가 종양인가입니다.

이번 12·3 내란사태는 87년 6월 항쟁 당시 전국 수백만의 시민이 목숨 걸고 투쟁하고 고 이한열 열사와 고 박종철 열사 등의 희생으로 겨우 얻은 시민주권 민주주의를 30여 년 만에 잃어버릴 수 있는 위기였습니다. 그렇기에 보수와 진보의 진영싸움이 아닌 민주주의 대 반민주주의 독재의 충돌이 본질입니다. 따라서 탄핵 절차 진행 등 후속 해결에 진영논리가 개입해서는 안 됩니다. 오직 민주주의 회복만이 있을 뿐입니다. 이를 위해 정당을 넘어 초당적으로 협력하는 것이 공인의 기본자세라 생각합니다.

국민의힘은 보수정당입니다. 보수정당은 보수의 가치를 지켜가야 합니다. 보수의 가치는 안정적 성장이고, 공정성과 합리성, 개방성과 포용성, 자율과 자유는 그 핵심 지표입니다. 헌정 질서 수호와 자유민주주의 수호는 핵심 수호 가치입니다. 자유민주주의는 극우 독재(전체주의적, 독재적, 폭력적, 배타적, 폭력적, 권위적 성격)와는 다릅니다. 도리어 극우 독재는 전체주의적·독재적·권위적이라는 점에서 북한과 닮아 있습니다. 누가 과연 진짜 빨갱이고 누가 진짜 종북일까요? 자유민주주의자와 배타적 독재자, 누가 더 북한의 김정은과 닮아 있습니까?

우리 당은 병들었습니다. 어느새 극우의 암 덩어리가 자라났고, 독재의 향수를 그리워하며, 상대방을 빨갱이로 몰고 전체주의적·권위주의적·배타적 분위기가 팽배해졌습니다. 왜 2024년에 전두환 독재의 수단이었던 빨갱이론과 종북론 그리고 지역감정을 다시 입에 담습니까? 누가 그렇게 만들었습니까? 그리고 그것이 보수정당의 이념입니까? 누가 암 덩어리이며 누가 살입니까?

한마디 덧붙이겠습니다. 정치는 국가와 국민을 보호하고 국민의 아픔을 보듬어 안으며 치유해야 합니다. 자신의 정치적 이익을 위하여 국민의 아픔을 조장하고 국가의 어려움을 조장하여 이를 정쟁 수단으로 악용해서는 안 됩니다. 그런데 어떻습니까? 한덕수 국무총리는 탄핵 절차에 협조하지 않고 이로 인하여 생긴 국가 불안정성을 남 탓하며 정쟁 수단으로 활용하고 있습니다. 여·야당 그리고 홍준표 대구시장님도 다 그런 것 같습니다. 국민을 위한 정치가 되어야 하는데, 도리어 국민의 어려움을 야기하고 이것을 정쟁 수단으로 활용하는 아주 나쁜 정치를 하고 있습니다. 정치하는 사람이 그래서는 안 됩니다.

홍준표 시장님도 국민의 어려움과 국가의 어려움을 해결하기보다는 도리어 이를 활용하여 정치적 야심을 채우려는 듯 보입니다. 누가 암 덩어리입니까?

암이라는 것은 신체를 죽이는 병입니다. 국가와 국민을 힘들게 하고 수많은 선배 세대가 피로써 겨우 쟁취한 시민 자유민주주의를 파괴하여 신체를 죽이고 있는 암 덩어리는 누구입니까? 말로만 '당신이 암 덩어리'라고 한다고 암 덩어리가 되는 게 아닙니다. 그 실질이 말해줍니다. 누가 백혈구 면역세포이고 누가 암 덩어리인지 국민이 알고 판단하리라 믿습니다. 아무리 정치적 야욕이 있더라도 역사의 죄인이 되지는 말아야 합니다.

2024.12.29.

참담한 항공사고의 날

있어서는 안 되는 참사가 일어났습니다. 제주항공 비행기가 착륙 도중 폭발했고, 탑승객 대다수가 돌아오지 못했습니다. 세월호 사고의 아픔이 다시 떠올라 충격과 우울감이 가득했습니다. 어두운 터널 속에 있는 것 같았습니다. 대한민국이 함께 눈물 흘린 날이었습니다. 아무 말도 할 수 없었습니다.

우리가 함께 모여 사회를 만들고 국가를 결성하며 법과 규칙을 만들어낸 가장 큰 이유는 우리의 생명과 안전을 지키기 위해서입니다. 우리 공동체의 본질적 기능이기에, 생명과 안전을 지키는 일에 대해서는 타협이 없어야 합니다. 그래서 참사를 대하는 마음에는 무거운 책임감이 앞섰습니다.

국회의원의 무게가 다시 한번 무겁게 저를 눌렀고, '내가 더 열심히, 더 세밀히 챙겼더라면 달라질 수도 있지 않았을까' 하는 끝없는 자책에 괴로웠습니다.

2024.12.31.

아픔과 혼란으로 어두웠던
2024년의 마지막 날

제주항공 참사로 아픔이 가득한 대한민국. 예상할 수 없었던 혼란과 아픔으로 새겨진 2024년이 어느덧 마지막 날을 맞았습니다. 이 슬픔 속에서 윤석열에 대한 체포영장이 발부되었습니다. 대한민국 2024년의 마지막 날은 정치가 제대로 기능하지 못한 우리의 비극적 현실을 단면으로 보여주는 것 같았습니다. 아프고 혼란스러운 한 해의 마지막 날이었습니다.

    윤석열은 체포 절차에 응하지 않고 경호처의 힘으로 법치의 실행을 막아섰습니다. 그는 검사로 평생을 지내며 수많은 권력을 '법의 이름'으로 누려왔습니다. 그러나 자신에 대해 법 집행을 하려는 순간 법이 아닌 '힘'으로 막아 세웠습니다.

대한민국은 법치국가입니다. 사람이 다스리는 '인치(人治)주의'에 반대되는 말로, 사람이 다스리면 무엇이든 마음대로 하고 기준이 사라져 독재로 이어지기 쉬우니, 민주적 절차로 민의를 모아 만든 법을 기준 삼아 민주주의와 국민의 주권을 실현하자는 뜻입니다. 그런데 어느 순간, 법이 국민 위에 군림하며 주권자 국민 대신 주인 행세를 하기 시작하면서 문제가 생겼습니다.

특히 형사법은 수사하는 것만으로 상대를 사회적·경제적·도덕적으로 재기 불능 상태로 만들어 버릴 수 있고, 공인(公人)일수록 이런 폐해는 더욱 커집니다. 예를 들어 송영길 전(前) 더불어민주당 대표는 '돈 봉투 사건'으로 사회적 비난을 받았으나, 법원에서는 돈 봉투 혐의에 대해 무죄를 선고했습니다. 하지만 이미 망가진 이미지와 잃어버린 사회적·경제적 지위를 복구할 수는 없었습니다. 경쟁 기업을 도산시키기 위해 친분 있는 수사기관에 첩보하고, 경쟁 업체는 잘못이 없음에도 수사받는 동안 거래처와 고객의 신뢰를 잃어버려 실제 도산하게 되는 예도 있습니다.

이렇게 막강한 형사 권한을 검사가 독점함으로써, 일부 정치검사 집단은 법을 수단으로 국민 위에 군림하고, 실질적으로 대한민국 사회를 지배하며 나라의 지도자를 누구로 할 것인지까지 영향력을 행사하게 되었습니다. 윤석열은 일부 정치검사 집단으로 특정되는 오만하고 배타적이며 폐쇄적인 집단을 대표하는 의미가 있습니다.

'털어서 먼지 안 나는 사람 없다. 없으면 만들어서라도 굴복시킨다'라는 오만함은 법을 이 특정 집단의 안위를 위한 도구로 전락시켜 국민에게 봉사하지 못하게 만들었고, 종국에는 그 특정 집단 스스로 법을 무시하는 단계까지 도달해 버린 것입니다. 검찰 개혁이 필요한 이유입니다.

    수사권은 공정하고 효율적이며 정의로워야 합니다. 그리고 수사의 막강한 권능은 주권자 국민이 국민을 위해 사용하도록 위임한 것이므로, 국민과 국체와 헌법 수호의 목적에 위배되어서는 안 됩니다. 권력자가 아닌 국민을 위한 공정하고 정의로운 검찰 개혁과 수사 개혁을 고민합니다.

2025.1.1.

새로운 한 해의 시작

대한민국의 2025년은 희망이 아닌 끝없는 아픔과 혼란 속에서 시작되었습니다. 윤석열은 체포영장에 정면으로 대항했고, 용산 대통령 관저 앞에서는 찬반 집회가 맞불 성격으로 열리며 참여 시민들의 안전을 위태롭게 하고 있었습니다. 다행히 헌법재판소는 2명의 재판관을 추가로 충원할 수 있었고, 이로써 8인의 재판관 체제를 갖추어 윤석열 탄핵심판의 정당성과 안정성을 도모할 수 있게 되었습니다.

김상욱 국회의원 SNS 발췌

2025년 새해를 맞이하며

2025.1.1.

존경하고 사랑하는 고마운 벗님들께, 건강과 안녕과 행복을 기원드리며 2025년 새해 인사 올립니다.

새해를 맞이하는 마음이 여느 때와 달리 무거움은 아마 모두가 같으리라 생각합니다. 지난 2024년 국가적·시대적 과제인 '저출산·지역소멸·연금·의료개혁 해결'과 '미래산업육성·환경문제대응·미중관계조율' 등 산적한 현안이 많았으나, 극단적 정치 대립과 혼란 등으로 성과를 내지 못했습니다. 더하여, 12·3 내란 사태로 민주주의가 위협받았고, 가슴 아픈 여객기 참사로 우리의 아픔과 시련이 더욱 컸습니다. 여객기 참사 희생자와 유족들에게 다시 한번 깊은 위로와 조의를 올립니다.

하지만 어려움 속에서도 우리는 여전히 희망을 발견합니다. 국가적 과제 해결에 필요한 국민적 관심이 모아졌고,

후진적 구태정치가 만들어낸 12·3 내란 추태를 주권자인 국민께서 바로잡아주셨습니다. 또한, 여객기 참사의 아픔을 함께 나누며 우리가 하나의 공동체임을 자각했습니다. 현명하고 용기 있는 국민이 계시기에 대한민국은 어려움을 발전의 기회로 만들어낼 것이라 확신합니다.

2025년은 지난해 풀지 못한 과제 해결과 극단으로 붕괴해버린 정치 생태계 복원의 숙제가 더해진 해입니다. 정치·사회적으로 1) 12·3 내란으로 훼손된 민주주의 회복, 2) 암처럼 뿌리내린 극우 등 극단적 사회갈등 조장 세력 척결, 3) 여야 정당 모두가 명심해야 할 진영정치 극복, 4) 개방적·포용적 사회 건설, 5) AI 기술 발달에 따른 사회변혁 대응, 6) 저출산 문제에 대응책 마련, 7) 녹색혁명 추진, 8) 미국과 중국 두 강대국 사이에서 힘의 균형자이자 조율자 역할 확보 등이 주요 화두가 되어야 합니다.

대한민국은 이제 정치적 격변기에 들어섰습니다. 탄핵정국은 훼손된 민주주의 회복을 가장 중요한 기치로 삼아 건강한 새로운 정치 생태계 조성의 계기가 되어야 합니다. 이어지는 조기 대선 정국은 앞서 제시한 정치·사회 숙제들에 대해 가치지향적이고 발전적인 논의를 이끌어내야 합니다.

탄핵정국과 조기 대선정국에서 우리가 가장 조심해야 할 것은 진영논리에 빠진 구태정치입니다. 진영논리의 구태

정치는 1) 옳고 그름을 분별하기보다는 진영의 승리만을 생각하고, 2) 소신 있고 능력 있는 정치인보다는 맹목적으로 충성하며 기회주의적이고 권력 지향적인 자질을 가진 자만이 득세하게 하며, 3) 상호 간의 발전적 토의와 조율보다는 상대방 악마화와 보복만을 일삼습니다. 그렇기에 후진적 진영논리 극복을 가장 유념해야 합니다.

대한민국은 4대 열강에 갇혀 이해관계가 극명하게 대립하는 지정학적 위기 지역에 있습니다. 그렇기에 국력이 약해지거나 폐쇄적 사회가 되면 자칫 열강들의 이해가 충돌하는 전쟁터가 되어버리기 쉽습니다. 반대로 국력이 강하고 개방적·포용적 사회가 되면 경제적·문화적으로 번영하며 세계 분쟁의 조율자가 될 수 있습니다.

그렇기에 제가 지향하는 대한민국은 강하고 개방적이며 포용적인 사회입니다. 이를 위해서는 안정적이고 건강한 보수가 반드시 필요합니다. 제가 생각하는 보수는 안정적 성장과 사회 보호를 목적으로 하며, 이를 위한 필수가치인 '공정', '합리', '개방', '포용', '자율과 자유'를 핵심가치로 삼아, 헌정 질서와 자유민주주의를 수호해가는 정치 집단입니다. 이러한 가치를 지향하고 실행해가는 건강한 보수가 대한민국에 튼튼하게 자리 잡아야만 4대 열강의 이해관계 속에서도 대한민국이 번영하고 나아가 세계 평화의 조율자 역할을 할 수 있다고 믿습니다. 그런 의미에서 저는 보수주의자입니다.

보수주의자로서 저는 지금의 대한민국 보수가 오랜 구태와 쇄신 거부로 인하여 구조적 위기에 봉착했다고 생각합니다. 그리고 그 구조적 위기가 가시적으로 나타난 것이 금번 반헌법적 12·3 내란이라고 봅니다.

대한민국의 보수는 그동안 가치를 지향하기보다 진영논리에 함몰되어 정치적 승리만 추구하였습니다. 세력화와 기득권에 집착했고 맹목적 충성을 가장 중요한 덕목으로 삼았습니다. 이로 인해 과거 군사독재의 잔재가 남게 되었고, 극우세력이 보수에 침투하였으며, 정치지도자들도 소신과 용기보다는 기회주의적·집단적 성향이 강해졌습니다. 보수가 잘해서 국민이 선택할 수 있게 해야 하는데 상대의 잘못을 들추어 반사이익을 얻는 데만 집중했습니다. 이제 우리의 이런 잘못을 정확하게 직시하고 새로운 출발을 해야 합니다.

보수는 새롭게 시작해야 합니다. 대한민국의 미래를 위해 가치지향적·실천적 보수로 거듭나야 합니다. 보수와 극우를 명확하게 구별하고 극우 성향을 지워내야 합니다. 대한민국이 당면한 여러 사회·경제적 과제들에 대해 보수의 가치를 기반으로 해결책을 국민께 제시해야 합니다. 진영논리를 극복하고 소신과 능력 있는 지도자들을 키워내야 합니다. 사회갈등을 조장하여 이익을 얻으려 하거나, 다른 세력의 약점을 들추어 반사이익을 얻으려 해서는 안 됩니다. 우리는 우리의 길을 가며 우리 스스로 빛나는 성취를 일구어 내야 합니다.

이를 위해 범보수의 선배님들과 학자들, 논객들 그리고 세력단체들이 모여 새로운 보수의 재건에 대한 논의를 시작해야 합니다. 국민의힘 원내에서 새로운 보수 건설과 쇄신에 대한 충분한 논의가 일어나지 않는다면 원외와 각계각층의 힘으로 논의를 일으켜야 합니다. 보수는 배타적이어서는 안 됩니다. 더 적극적으로 다른 가치지향(노동지향, 환경지향, 진보지향 등)과 다른 세력(다른 정당들)과 소통하고 다름에서 배움을 얻는 발전적 포용을 해내야 합니다. 그것이 '보수의 품격'입니다. 물론, 극우와 극좌는 배격해야 합니다.

보수의 재건은 단순히 보수를 위한 것이 아닙니다. 그것은 견제와 균형, 나아가 대한민국의 안정적 발전을 위한 매우 중요하고 의미있는 걸음입니다. 비록 제가 가진 능력과 경험과 역량이 너무나 미약하지만 물러서지 않음이 제 의무라 생각합니다. 다가오는 2025년 보수의 가치를 새로 세우고 건강하고 국민께 봉사하는 가치지향적 보수를 재건하며, 이를 바탕으로 국민의힘이 쇄신하는 데 노력에 노력을 더하겠습니다.

2025.1.2.

무안공항과 용산에 집중된 시선

제주항공 참사는 시간이 지날수록 깊은 아픔으로 가슴을 울렸습니다. 새떼 충돌이 이유였다고 하지만, 로컬라이저 설치 등의 이해할 수 없는 공항 시설 관리 부실이 항공기 폭발의 결정적 원인이 되었습니다. 또다시 안전불감증을 이야기할 수밖에 없었습니다. 사그라진 생명들에게 너무 송구했습니다. '사고안전위원회'가 사고 조사를 명명백백하고 공정하게 진행하여 진상을 정확히 밝히고, 재발 방지 및 유족 지원 대책까지 신속히 마련해야 할 일입니다. 다행히 국회가 여야를 떠나 합심하여 신속하게 대응해 나갔습니다.

용산 대통령 관저 앞은 연일 심각한 대립이 이어졌습니다. 윤석열은 자신의 지지자들에게 '끝까지 싸울 것'이라는 편지를 보내며, 지지자들의 성 뒤에 숨어 비겁하게 법 집행을 피하려 했습니다. 최상목 권한대행 역시 경호처에 협조 지시를 명확하게 하지 않는 등, 법 집행을 사실상 마비시키려는 것으로 보였습니다. 내란에 이어 법치주의 정신마저 훼손하는 모습이었습니다. 보수당을 표방하는 국민의힘은 보수당의 가치인 원칙 준수와 법치주의를 외면한 채, 윤석열의 비겁하고 반(反)법치주의적 행태에 침묵했습니다.

2025.1.3.

윤석열 체포 무산
그리고 민주주의와 독재

5시간이 넘는 대치 끝에 결국 윤석열 체포는 무산되었습니다. 윤석열이 군과 경호처까지 동원하여 법 집행을 회피하였고, 자칫 유혈사태로 번질 수 있었기에 더 이상 집행을 강제할 수 없었습니다.

민주주의와 독재에 관한 생각이 많아졌습니다. 《은하영웅전설》이라는 소설은 다소 황당하지만, 독재정 은하제국과 민주정 자유행성동맹 간 우주를 둘러싼 투쟁을 소재로 하고 있습니다. 그런데 그냥 재미로 보아 넘기기엔 무거운 주제가 담겨 있습니다. 바로 민주정과 독재정에 관한 인류의 오래된 고민입니다. 은하제국은 원래 민주정 은하연방이었는데, 중우정치로 타락하자 대중의 절대 지지를 받는 영웅이 등장하고, 뛰어난 능력으로 독재정 은하제국을 건국하지만, 절대 권력을 차지한 후 국가사회주의의 모습으로 변질되어 갑니다. 이에 항거하며 다시 민주정 운동이 일어나고 그 결과 자유행성동맹이 결성됩니다. 그러나 자유행성동맹은 정치지도자들의 포퓰리즘에 빠진 자기정치 때문에 무능한 지휘관으로 무익한 전쟁을 은하제국에 시도하고, 은하제국군에게 처절히 패배합니다.

그리스 아테네는 민주정의 고향과도 같지만, 플라톤이 자라날 무렵 독재정 스파르타에 패전하고 고대 그리스 역사상 최악의 사법 살인 사건인 소크라테스 재판이 벌어집니다. 플라톤은 민주정에 대한 반성으로 철인왕(哲人王)의 통치를 받는 독재정인 철인정치*를 주창하였고, 원래 공화정이었던 고대 로마는 위대한 영웅 카이사르 등장 후 로마제국, 즉

* 철인정치의 개념을 정리하자면, 이성의 지배를 받아 자신의 욕구를 합리적으로 절제할 줄 아는 개인이 훌륭한 인간이라면, 같은 원리로 이성적인 인간의 지배를 받는 국가야말로 정의로운 공동체라는 것입니다. 이성의 능력을 발휘할 수 있는 현자, 즉 통치자 계급과 그렇지 못한 피치자 계급은 구분되며, 계급 간 상호 간섭이나 침범은 국가의 질서를 해치고 공동체를 파탄으로 몰아넣는 범죄에 해당합니다. 통치의 자격을 갖춘 이들이 지배하고, 나머지 다수는 수직적 질서에 예종(隸從)해야 합니다.

황제 독재정으로 변화합니다. 독일 바이마르 공화국은 민주정이었지만, 민주적 방법으로 히틀러의 등장을 용인하고 국가사회주의 독재정으로 변해 버립니다.

인류 역사를 보면 민주주의는 세우는 것보다 지켜가기가 더 어렵습니다. 특히 국민이 의회를 소란하고 다투기만 할 뿐, 제대로 정책을 추진할 역량이 없다고 판단하게 되면 급속도로 민주주의가 붕괴합니다. 그러면 우리는 왜 민주주의를 반드시 지켜야 할까요?

첫째, 인간의 '불완전성'으로 인해 민주정이 필요합니다. 아무리 탁월한 철인이 등장한다 하더라도 언젠가는 어리석은 독선에 휩싸여 광기를 부릴 수 있습니다. 우리가 영웅으로 여기는 인도의 간디, 미국의 워싱턴 장군, 영국의 처칠 수상 등 위대한 지도자들도 개인사를 자세히 들여다보면 불완전함과 오욕이 가득합니다. 부끄럽지만 저 역시 찬찬히 살펴보면 온통 '하자투성이'입니다. 인간은 본래 불완전하고, 철인이 등장한다 하더라도 유한한 삶이기에 이후 다시 붕괴할 수 있습니다.

둘째, 치자(治者)와 피치자(被治者)의 동일성은 인간 존엄의 핵심이기 때문입니다. AI 기술이 발전하고 있기에 언젠가 인간의 불완전성은 완전한 AI로 성공적 대체가 가능할 수도 있습니다. 그렇다면 인간보다 완전한 AI에게 통치를 맡기고 우리는 그 통치에 순응하면 될까요? 아마 대부분 강한 거부감을 가질 것입니다. AI로부터 도움을 받을 수는 있지만, 우리 삶에 대한 통치권을 줄 수는 없는 일입니다. 우리 삶의 주인은 우리 자신이고, 치자와 피치자가 동일할 때 우리 인간의 존엄도 지켜지기 때문입니다.

그런 이유로 저는 아무리 훌륭한 세종대왕께서 대한민국을 다스린다 하더라도 독재정에 반대하고 민주정에 찬성합니다. 비록 민주정으로 인해 소란과 비효율이 극대화된다 하더라도 우리가 지켜야 할 것은 민주정입니다. 민주정은 불완전한 인간이 그 불완전함을 있는 그대로 받아들이고 집단지성의 힘으로 불완전함에 굴복하지 않음을 의미합니다. 나아가 불완전하고 하자투성이라도 그 모습 자체로 완전한 존중과 절대적 가치를 지닌 인간 실존에 대한 인정, 그렇기에 때로는 잘못하고 비효율적이고 답답하더라도 우리가 스스로의 삶을 책임지고 결정해야 한다는 '자기 지배 의지'를 믿습니다.

12·3 내란을 일으킨 윤석열과 그를 따르는 무리들은 어쩌면 이런 민주주의의 소란스러움과 비효율이 싫었는지 모릅니다. 스스로를 엘리트, 철인, 절대선으로 규정하고 다수 국민은 그 엘리트들이 정한 질서에 그저 순응해야 하는 피치자로만 생각했을지도 모릅니다. 다수 일반 시민의 상식보다 못한 판단력을 갖추었으면서도 스스로는 절대선이라 생각하는 엘리트주의의 오만함은 모두에게 피해를 줍니다. 우리는 스스로의 부족함을 자각함으로써 더 위대해질 수 있습니다.

2025.1.4.

국회소추단의 탄핵소추 사유 일부 철회

정당한 법 집행이 대통령의 물리력에 의해 좌절되어 법치주의가 상처 입은 날, 국민의힘은 법원에서 발부한 영장을 위법 영장으로 단정하고, 대통령 탄핵안에 대하여도 각하해야 한다고 주장했습니다. 국회 탄핵소추단은 헌법재판소에 비상계엄 관련 위반 행위가 형법상 내란죄 등에 해당한다는 주장을 철회했습니다.

저는 이번 내란을 다룸에 있어 가능한 한 논란과 쟁점을 줄여 확실한 것부터 먼저 신속하게 처리해야 한다는 입장이었습니다. 중요한 것은 결과이고 속도이기 때문입니다. 윤석열의 반헌법 불법은 전 국민이 생중계하듯 지켜본 명백한 사실이었고, 종국적으로 대통령 탄핵 및 내란죄 처벌에 지장이 없을 것이나, 국가적 혼란이 있는 일이기에 시급하고 중요한 것부터 순서대로 신속하게 처리하는 것이 필요했습니다.

대통령 탄핵소추안에 관해서도, 불법 비상계엄 발령 및 국회 해산 목적 군 투입의 두 가지 객관적 사실만으로도 충분히 탄핵 사유에 해당하니, 두 가지 사실에만 집중하여 헌법재판소의 판단 부담과 논란을 줄이고 가능한 한 신속하게 탄핵 결정에 도달하여 국가 혼란을 줄이고 조기 대선 국면으로 빠르게 전환되기를 희망했습니다.

그러나 실제 제출된 탄핵소추안에는 윤석열의 잘못을 하나라도 더 담기 위하여 형법상 내란죄 및 추경호 원내대표 사안 등 곁가지가 담겼습니다. 곁가지가 많아지면 공격하는 입장에서 뭔가 든든하게 느낄 수는 있겠지만, 판단해야 할 헌법재판소 입장에서는 쟁점이 늘어나는 것이고, 쟁점이 늘어나면 당연히 시간이 지체될 수밖에 없습니다. 더욱이 사안 쟁점 중 형사 사안이 들어가면 법원은 법적 통일성 확보를 위해 형사 사안에 대한 판결이 나올 때까지 이른바 '추정기일'을 잡아 재판 진행을 멈추는 것이 일반적 관례이므로, 결정이 더욱 늦어질 수 있었습니다.

윤석열 탄핵소추안은 쟁점이 많아지면 진영 갈등이 더욱 격화될 수 있고, 일부 헌법재판관의 임기가 4월이면 만기에 다다르며, 이 경우 권한대행의 전횡이 있을 수 있습니다. 무엇보다 국가의 불확실성으로 인한 사회·경제적 피해가 눈덩이처럼 불어나고 있기에, 정확한 것에 집중하여 신속하게 파면을 결정하고, 나머지 형사 사안과 기타 쟁점에 관한 것은 추후 특검과 별도 형사재판 절차 등을 통해 정당한 법의 심판을 받게 하는 것이 합리적·효율적·공익에 부합한 현명함이라 생각했습니다.

아마 처음 탄핵소추안이 경황없이 급히 준비되고, 국민적 분노를 담기 위해 쟁점을 많이 넣은 것이 아닌가 생각합니다. 크고 작은 혼란이 발생했고, 처음부터 넣지 않았으면 더욱 좋았겠지만, 국회 탄핵소추단이 늦게라도 쟁점을 줄이고 신속한 헌법재판소 판단을 독려하기 위해 형법상 내란죄 판단은 형사법정에 맡기고, 헌법재판소 탄핵소추 결정의 탄핵 사유에서 제외한 것은 잘한 결정이었습니다. 중요하고 신속한 결정일수록 상대에게 꼬투리를 주지 않는 것이 중요합니다.

2025.1.5.

가중되는 민생의 어려움

가슴 아픈 제주항공 참사가 발생한 지 1주일이 지나가고 있었습니다. 그사이 용산 대통령 관저 앞에는 윤석열 체포 찬성과 반대 집회가 격렬하게 일어나고 있었고, 윤석열은 관저에 숨어 사흘째 국민의 속을 타들어가게 했습니다. 환율은 불안했고, 물가는 올랐으며, 경기는 최악으로 치달아 자영업자들의 어려움이 가중되었습니다. 외국인 관광객의 발길도 끊겼고, 세계 속 빛나던 대한민국의 위상은 바닥으로 곤두박질쳤습니다. 대외 무역 환경도 갈수록 악화되어 갔습니다. 정치의 무능함은 대한민국 국민을 힘들게 했고, 서둘러 대한민국이 정상화되어야 했습니다.

2025.1.6.

한남동 관저 앞 45인

윤석열에 대한 1차 체포 시도는 결국 무산되었습니다. 윤석열 측은 공수처장을 역으로 고발하는 기행을 펼쳤고, 공수처의 미숙함을 질타하는 여론이 일었습니다. 국민의힘은 탄핵소추 자체가 무효라 주장했고, 경호처는 영장 재집행 시에도 물리력으로 방어하겠다며 당당히 언론 앞에 이야기했습니다. 12·3 밤, 국가와 국민을 상대로 내란을 저질렀음에도 반성이 아닌 당당함으로 일관하는 모습에 상식이 무너지는 혼란을 느꼈습니다.

그런데 그 혼란함 속에서 국민의힘 당내 강성 지지층에 호소하여 자신의 정치적 영향력을 올리려는 일부 정치인의 자기정치는 끝을 몰랐습니다. 소위 '장이 섰는데 물건 팔러 가지 않을 수 있느냐'라는 말처럼, 단체로 모여 세력화할 수 있는 기회가 있는데 어떻게 그걸 안 할 수 있느냐는 논리 같았습니다. 일부는 강성 지지층에 호소해서 세력을 확대할 계산으로, 또 일부는 혹여라도 주류의 눈 밖에 나 불이익을 입을 수 있으니 줄 서야겠다는 생각으로, 정치적 계산과 비겁함의 결합이 한남동 45인을 탄생시켰다고 생각합니다.

윤석열을 지키겠다고 새벽부터 모였던 45인의 면면을 보면서 놀랐습니다. 윤석열에게 상처받은 자, 배신당한 자 등 절대로 윤석열을 좋아할 수 없는 분들이 많았습니다. 진정성을 찾아볼 수 없었습니다. 한남동 45인을 보며 세상 모든 일, 심지어 주권자 국민의 불행까지도 자신의 정치적 영향력 확대에 이용하려는 듯하여 실망했습니다.

'정치를 도대체 왜 하는가?', '자신의 정치적 영향력 확대와 인지도 상승, 그리고 이를 통한 사회적·경제적·정서적 이익 때문이라면, 도대체 그 안에 국가와 국민은 어디에 있는가?'라는 본원적 물음이 꼬리를 이었습니다.

당시 국가와 국민은 심각한 혼란과 위기를 겪고 있었고, 절체절명의 상황이었습니다. 국회의원이라면 책임 있게 생각하고 행동해야 했습니다.

2024.1.7.

국가와 국민을 위하지 않고, 지지자를 배신하는 '자기정치'

법원은 윤석열에 대한 체포영장을 재발부했습니다. 윤석열의 잘못에 대해 물리력과 정치적 힘으로 막으려 하더라도, 법치의 기강을 세우겠다는 의지의 표현이었습니다. 당시 서부지방법원 영장 담당 판사님이 외압에 휘둘리지 않고 법률과 양심을 기준으로 법관의 독립을 지키며 법치가 무너지지 않게 결기 있게 행동한 것에 대해 감사를 표합니다.

국민의힘은 반성해야 했습니다. 그러나 현실은 달랐습니다. 실천하는 행동으로 반성해야 한다는 저의 주장은 '배신자'의 자기변명으로 치부되었습니다. '배신자'가 조용히 자숙하지 않고 더 시끄럽게 한다며 당내에선 날선 공격이 계속되었습니다. 일부 원외 당협에서도 저를 저격함으로써 당에 충성을 보이기 위한 공격이 이어졌습니다.

반면, '지금이야말로 정치적 영향력을 확대할 절호의 기회'로 생각한 국민의힘 일부 원내 의원들은 옳음과 당의 미래를 생각지 않고 계산과 행동에 나섰습니다. 혼란조차 자신의 정치적 영향력 확대와 당권 장악에 사용하려는 이른바 '자기정치의 화신'들은 자극적 언어로 지지자들을 선동하며, 국민의 고통과 혼란은 생각하지 않은 채 정치적 영향력 확대에만 집중했습니다. 옳고 그름에 대한 고민 없이 오로지 정치적 유불리만 생각하며, 국민에게 편협한 시각을 제공하고 선동해 나가는 무책임한 정치인들이 연일 매스컴을 수놓았습니다.

무책임한 자기정치와 진영정치는 단기적으로 국민 의사를 왜곡하고 혼란을 더하는 결과를 가져왔습니다. 반헌법·불법·반민주·반보수가 분명한 12·3 내란을 윤석열이 일으켰고, 국민의힘은 계엄해제에 적극 나서지 않고 탄핵조차 반대했음에도 여론조사는 윤석열과 국민의힘에 대한 강한 지지세를 보여주었습니다. 정치의 목적과 무엇이 옳은 것인가에 대한 진지한 고민 없이, 추구하는 가치와 실천에 대한 고민 없이, 단순히 어떤 언행이 자신의 정치적 영향력 확대, 나아가 당권 장악에 도움을 주는가라는 지극히 사적인 단

견만을 기준으로 행동한 국민의힘 일부 의원들의 자기정치. 국가적 불행인 12·3 불법 비상계엄, 그리고 이후 이어지는 국가적 혼란조차 자기정치에 함몰된 부도덕한 정치인들에게는 한낱 세력 확대의 장에 불과했습니다. 그들은 자신의 세력 확대를 위해 강성 지지층을 끌어안기 위한 위험한 선동에 앞장섰고, 대한민국은 명백한 탄핵 사유가 존재함에도 불구하고 탄핵 반대 집회에 매진하는 비상식적 극단 세력으로 전국이 몸살을 앓는 기현상을 겪게 되었습니다.

　정치인이 자신의 정치적 영향력 확대와 정치적 야망을 위해 행동하는 것은 어떻게 보면 당연한 일입니다. 하지만 그 동기와 한계는 분명 있습니다. 정치인의 정치 행위의 동기와 목적은 국민과 국가의 이익이어야 하고, 올바름과 공정의 실현 등 자신이 추구하는 가치에 부합하는 것이어야 합니다.

　분명히 정의가 아니고, 분명히 틀렸다는 것을 알면서도 자신의 이익을 위해 거짓을 말하고 사람을 선동하며 행동하여 국가와 국민의 이익을 침해하는 것은 그 동기가 불순하고 한계를 일탈한 것입니다. 자기정치에 능한 이들이 정치적 수완에 능하여 이익을 얻는 것이 당연시된다면, 정치는 올바름을 추구하지 않고 사익 추구를 위한 권모술수의 경연장이 되어버립니다. 우리는 이것을 늘 깨어 있는 시각으로 경계해야 합니다.

국민의힘의 이런 모습은 절망감을 주었지만, 저마저 포기하면 안 된다고 생각하며 언론을 통해 국민의힘 지지층에 "국민의힘이 나아갈 길은 진정 어린 반성과 보수 가치 정립으로 옳고 그름에 대한 기준을 세우는 것, 윤석열을 단죄하는 데 지금이라도 국민의힘이 앞장서야 함"을 설득했습니다. 중과부적이었고, 계란으로 바위 치기였지만 해야 했습니다. 그 노력이 더해질수록 '배신자', '내부 총질' 프레임은 더욱 강해져갔습니다.

2025.1.8.

권성동 원내대표의 계속된
탈당 요구

한파에도 시민들은 용산 대통령 관저에서 집회·시위를 이어갔고, 윤석열은 관저에서 물리력과 정치력으로 법 집행에 지리하게 저항했으며, 미국 트럼프발 무역 악재가 연이어 소식을 더하고 있었습니다. 대한민국은 정상적인 리더십을 다급히 원하고 있었습니다.

당시 국민의힘의 모습은 국민을 위하고 당헌에 따른 정당 활동을 하는 정상 정당의 모습이 아니었습니다. 대한민국 정치의 건강한 생태계를 위해서라도 국민의힘은 조속히 정상화되어야 했습니다. 이를 위해 국민의힘 내부에서 내란 관련자 조사 및 징계·제명과 고발, 그리고 내란특검법 등 12·3 내란 청산에 앞장서는 모습, 윤석열 탄핵에 적극 동참하는 모습을 반드시 실천해야 한다고 믿고 행동했습니다.

저의 국민의힘 바로 세우기 노력은 결과적으로 국민의힘 원내에서 당론으로 채택한 내란특검법 반대 등 사안에서 '단일대오'를 무너뜨리는 결과를 낳았습니다. 단순히 한 표가 이탈하는 수준을 넘어, 저의 존재가 국민의힘 내 추가 소신표로 연결될 수 있는 소재가 되었습니다. 제가 활발하게 활동할수록 그런 가능성은 점점 더 커져 갔습니다. 국민의힘 원내지도부는 제가 해당 행위를 하고 있다고 거세게 비판했습니다. 하지만 저는 "헌법에 맞는 법률만이 효력 있듯이, 당헌에 맞는 당론만이 정당성이 있다. 당헌에 위배되는 당론 형성이 진정한 해당 행위"라며 맞섰습니다. 이런 충돌은 당 지도부 입장에서는 거부권 행사 후 다시 의결에 돌입할 때 방어를 장담할 수 없게 만드는 매우 불편한 상황을 야기했습니다.

국민의힘은 의석이 많지 않기에 의석 한 석이 아쉽고 중요했습니다. 하지만 저의 국민의힘 바로 세우기 노력은 권성동 원내지도부에게는 단순히 한 표 이탈 이상의 의미가 있었기에, 본격적으로 저를 국민의힘에서 밀어내려는 움직임이 시작되었습니다. 중앙 지도부와 연계한 것으로 추정되는 지역구 국민의힘의 움직임이 거셌습니다. 탈당하지 않으면 무슨 수를 써서라도 재기 불능으로 응징하겠다는 의지가 느껴졌습니다. 탈당 요구를 다양하게 받아왔지만, 가급적 언론에 공개되지 않도록 저부터 각별히 조심했으나, 급기야 1월 8일 본회의장에서 권성동 원내대표가 공개적으로 제게 탈당을 요구하는 장면이 보도되는 상황에 이르렀습니다. 저는 어떻게든 국민의힘을 정상으로 바로 세우고 싶었습니다.

국민의힘이 당헌에 따른 민주 보수정당으로 기능하며 국민에게 봉사하도록 하기 위해, 국민의힘이 진짜 잘되기 위해 잘된다는 것은 역할을 잘한다는 것입니다. 당시 탈당해야 할 사람은 누구였을까요?

2025.1.9.

2025년 백골청년단 등장

윤석열 체포를 앞두고 공권력 간 충돌이라는 극단 상황에 대한 우려가 커지고 있던 때, 윤석열을 지키는 데 앞장서고 있다며 백골청년단이 국회에서 기자회견을 진행했습니다. 국회 기자회견은 국회의원의 주선이 있어야 가능한데, 1980년대 독재와 폭력, 반민주의 상징인 백골청년단이라는 이름이 2025년 국회에서 버젓이 다시 등장한 것이었습니다. 백골단에 희생된 수많은 민주투사들과 시민들이 계시고, 그 아픔은 아직까지 우리 사회에 깊이 박혀 있습니다. 최소한의 민주의식조차 갖추지 못한 모습에 아연실색했습니다. 진지한 자기 성찰과 방향 설정 없이 맹목적으로 달아오르고 달려가는 극단의 모습이었습니다.

미국의 트럼프는 "취임 날 하루만큼은 독재자가 되겠다"고 이야기하며 관세 등에 대한 행정명령을 준비하겠다고 공언했습니다. 국가 경제에 직격탄이 될 수 있고, 대한민국의 정치 혼란을 더할 수도 있는 일이었기에 민감하게 다가왔습니다. 한파가 맹위를 떨치고 있었는데, 마음마저 더 얼어가는 듯했습니다.

2025. 1. 10.

최상목과 윤석열의
법치주의 파괴 행위

최상목 권한대행은 여야가 특검법을 합의해 마련하도록 촉구했습니다. 여야가 합의하지 않으면 처리하지 않겠다는 말과 같았기에, 국민의힘에 무게를 실어주는 발언이었습니다. 그런데 최상목 권한대행이 그럴 권한이 있는 걸까요? 권한대행이 국회가 의결한 법률에 적극적 거부권을 행사하며 정치 행위까지 요구하는 것이 가능한 걸까요?

1) 윤석열이 검찰수장 출신인 점, 2) 윤석열이 현직 대통령의 신분으로 내란행위를 기획하고 실행한 점, 3) 검찰총장이었던 심우정이 윤석열의 특별한 시혜로 보직을 갖게 된 것으로 보이는 점, 4) 법무부 장관이었던 박성재가 내란에 개입한 것으로 의심되는 점, 5) 내란에 경찰력이 동원된 점

등을 고려할 때, 경찰과 검찰에게 내란 사건의 수사와 기소를 맡기는 것은 수사 대상에게 수사권한을 맡기는 것이므로, 사건을 은폐할 개연성이 높았습니다. 따라서 12·3 내란 사건을 다루기 위해 특검이 필요한 것은 상식이었습니다. 특히, 시간이 지체되면 내란의 주요 증거가 사라질 개연성이 높았고, 곧 윤석열이 체포되면 체포 후 기소까지 기간 제한이 있었기에 특검법 통과는 매우 시급하고 중요한 사안이었습니다.

내란에 대한 책임과정에서 권한대행에 오른 최상목은, 헌법재판소의 윤석열에 대한 탄핵 결정과 이후 이어질 대선까지 직무를 신중하게 대행할 수 있을 뿐, 적극적으로 대통령처럼 정치 행위를 해서는 안 됩니다. 특검법이 제때 기능하지 못하도록 하는 최상목의 이와 같은 적극적 정치적 행위는 내란의 실체적 사실관계 발견과 이에 따른 정당한 법집행을 방해하여 실질적 법치주의 실행을 침해하는 행위였습니다. 최상목은 권한대행에 불과함에도 특검법 처리에 거부권을 행사하는 방법으로, 윤석열은 적법한 체포영장을 두고도 물리력으로 그 행사를 거부하는 방법으로, 둘 모두 대한민국의 법치주의를 망가뜨렸습니다.

2025.1.11.

극단주의자들의 부정선거론과
중국 혐오에 대하여

윤석열을 지키려는 일부 집단은 끝없이 부정선거론을 제기했고, 근거 없이 중국을 배후로 지목했습니다. 윤석열을 지지하는 젊은 청년들을 만나 대화했는데, 그들은 '대한민국이 홍콩처럼 되지 않게 지켜야 하고, 중국을 막아야 한다. 그러기 위해서 비상계엄이 필요했고 윤석열은 중국을 막은 영웅이다'라는 취지의 주장을 했습니다.

중국 혐오는 젊은 청년들에게서 자주 발견됩니다. 중국의 경제적·정치적 성장은 대한민국에 위협이 되는 것은 사실이고, 일부 중국인들이 보여준 상대를 존중하지 않는 언행은 거부감을 더욱 키웠습니다. 마치 유럽의 극우 청년들이 아랍계 이민자를 혐오하는 것 같은 현상이 대한민국에서 생겨난 것입니다.

게다가 미국이 중국을 적으로 규정하고 군사적·경제적 조치를 강화하는 상황, 북한을 적대시하며 국민을 선동함으로써 정치적 이익을 얻어온 경험, 과거 한국전쟁에서 중국이 참전하여 북한을 도왔던 역사적 사실 등은 신·구 세대를 넘는 중국 혐오 연대를 만들어냈습니다.

12·3 내란 실패라는 위기의 순간이 다가오자, 부도덕한 정치인들은 중국 혐오를 본격 정치 수단으로 사용하기 시작했습니다. 12·3 내란의 잘못을 반성하고 올바른 길로 다시 걸어갈 결심을 하지 않고, 도리어 거짓 선동과 공포감 조성 및 혐오 유발로 자신들의 잘못을 덮고 부도덕하고 불순한 기획을 계속하려 했습니다. 막연한 중국 혐오와 이를 이용한 부도덕한 정치적 기획은 모두 대한민국을 병들게 하는 암세포와 같습니다.

중국을 혐오하는 분들에게 묻고 싶습니다. 중국을 혐오하는 것이 객관적 사실에 바탕한 것인가요? 중국을 혐오한다고 하여 중국의 위협이 사라지나요? 중국을 혐오하는 것이 우리 공동체에 도움이 되나요? 혐오와 갈등으로 해결할 수 있는 일은 아무것도 없습니다.

2025.1.12.

계엄 전으로 돌아간 양당 지지율, 비겁한 거짓 선동 정치

용산 대통령 관저 앞, 윤석열 체포를 앞둔 찬반 집회 대결이 뜨거웠습니다. 극단의 진영 대결과 비겁한 자기정치 시도가 합쳐지며, 대한민국 전체가 세 대결의 장이 되어버렸습니다. 그래서일까요? 일부 여론조사는 양당 지지율이 계엄 전으로 되돌아가 민주당 36%, 국민의힘 32%를 보였습니다. 우리 편, 네 편으로 나누어 오직 진영으로 구별하는 관점은 옳음·상식·원칙을 기준으로 하지 않고, 비상식적 광기를 유발하며 극단적 사회 분열을 낳았습니다.

이런 비상식의 직접적 원인은 국가와 국민을 위하지 않고 자신의 양심마저 저버린 채, 오직 정치적 야욕만을 쫓는 비겁한 자기정치 추구에 있습니다. 공인이라면 국가와 국민을 위하고 양심에 따라야 하는 것이 최소한의 자격이어야 할 텐데, 거짓으로 선동하고 혐오를 유발하여 자신의 정치적 세력 확대와 당내 경쟁에서 우위를 차지하려는 비겁함이 정의와 상식·국가와 국민에게 중대한 위협을 가하고 있었습니다.

오로지 정치적 야욕에 휩쓸려 국가와 국민을 위하지 않는 비겁한 정치인과 공인(公人)들을 공적 자리에서 몰아내야 합니다. 그래야만 국가가 정상 기능할 수 있고, 정의가 실현되며, 공동체 구성원의 복리가 이루어집니다. 민주주의는 주권자 국민이 용기 있고 현명하게 결단하고 행동해야 지켜질 수 있고, 주권자 국민의 의식 수준에 따라 성패가 좌우됩니다. 결국, 우리 주권자 국민들께서 늘 깨어 있는 현명함으로 비겁한 자기정치인들을 구별하고, 선거를 통해 심판해야 합니다.

    비겁한 일부 정치인들의 선동으로 내란에 책임이 있는 정당이 높은 지지율을 유지하는 비정상적 상황을 바라보며, 올바른 정치인을 살리고, 자신을 위한 정치만을 하는 정치인들을 몰아내야 한다는 필요성을 더욱 절감했습니다.

2025.1.13.

헌재의 첫 심판개정,
행정안전위원회 사보임

윤석열에 대한 헌법재판소의 첫 탄핵 심판이 열렸습니다. 윤석열은 역시 출석하지 않았습니다. 법원의 재판에 출석하지 않고 변명과 책임 전가로 일관하는 전직 대통령의 모습은 국가의 국격과 품위를 훼손하고 국민에 대한 최소한의 예의조차 다하지 않는 것입니다.

    윤석열은 '공인이 해서는 안 되는 것'을 모든 방법과 예시로 보여주는 나쁜 사례의 모음집 같았습니다. 그런 그가 얼마 전까지 대한민국의 지도자였던 것이 아찔하게 느껴졌습니다. 선인(善人)은 모범을 보이고 복을 지음으로써 다수에게 은혜를 베풀고, 악인(惡人)은 해서는 안 되는 일을 통해 스스로 악업을 쌓으며 만인에게 악영향을 끼친다는 말이 생각났습니다. 윤석열을 통해 '해서는 안 되는 것'이 무엇인지에 대해 더 깊이 생각할 수 있었습니다.

당일, 제가 속해 있던 국회 행정안전위원회에서 사보임(辭補任)되었습니다. 12월 3일 내란이 있기 전, 저는 국민의힘에서 원내부대표, 울산시당위원장, 행정안전위원회, 여성가족위원회(간사), 연수원 부원장 등 여러 당직을 맡고 있었습니다. 그러나 국민의힘의 잘못된 방향을 바로 세우겠다고 결의하고 보수의 가치 정립과 내란과의 단절을 주장한 이후, 국민의힘 지도부는 저를 '배신자'로 간주하고 하나씩 당직을 내려놓도록 압박했습니다.

그중 행정안전위원회는 국민의힘 입장에서 제 존재를 가장 불편하게 느낀 곳입니다. 경찰청을 담당하고 있었고, 경찰청에서 초기 내란 사건 수사가 진행되었으며, 각종 탄핵 찬성과 반대 집회의 집회 관리를 담당하는 곳이었기 때문입니다. 당시 제가 행정안전위원회에서 해야 할 역할은 분명했습니다. 내란 수사가 외압을 받지 않고 공명정대하고 정확하게 이루어지도록 하는 것, 폭력 집회 등으로 시민들이 다치지 않게 하는 것, 동시에 시민들의 정당한 집회가 방해받지 않도록 지켜드리는 것이었습니다. 이를 위해 경찰이 잘하도록 관리하고 외압을 받을 때는 나서서 지켜드리는 저의 역할에 충실해야 함을 자각하고 있었습니다.

하지만 그런 자각은 탄핵 반대와 진영 결집을 위해 움직이고 있던 국민의힘 지도부에는 상당한 부담이 되었을 것입니다. 결국 행정안전위원회를 나오게 되었고, 다른 당직들도 하나씩 잃게 될 예정이었습니다. 국민의힘이 건강한 보수정당으로 기능해야 대한민국 정치가 건강해진다고 믿었고, 지금 국민의힘이 건강한 보수정당이 되는 길은 너무나 분명했습니다. 그리고 미력한 저라도 그 역할을 하고 있어야 한다고 생각했습니다.

저녁에 국민의힘 의원총회가 다시 개최되었고, 공개적으로 "나가라, 함께할 수 없다, 정치를 잘못 배웠다"는 당내 동료 의원들의 질타를 받아야 했습니다. 질타를 받으며 많이 생각했습니다. '내가 정치를 잘못하고 있는 것인가?'

사실 저는 정치는 잘 모릅니다. 정치를 오래 해온 사람도 아닙니다. 하지만 국민이 바라는 정치의 모습은 알고 있습니다.

1. 국가와 국민을 위하는 공심(公心)으로 생각하고 판단해야 합니다.
2. 정치적 이해관계보다 옳고 그름이 기준되어야 합니다.
3. 정당의 목적은 권력 획득이 아니라 당헌에 따른 가치 실현과 이를 통한 국민 봉사여야 합니다.

4. 당의 모습이 당헌에 어긋나고 국민에게 이익이 되지 않는 배타적인 기득권의 연대 의식을 보인다면, 혼자가 될지라도 용기 있게 바로잡기 위해 애쓰는 것이 진정한 충성입니다.

핍박이 심해질수록 저의 결심과 의지는 강해졌고, 판단은 또렷해졌습니다. 비판을 열린 마음으로 받아들이고, 저의 생각이 맞는지 늘 되돌아보고 점검하는 자세를 갖겠습니다. 그렇게 얻은 생각이 옳다면 힘들더라도 소신을 지키겠다 다짐했습니다.

시·구의원들의 탈당 요구에 즈음하여

2025.1.13.

1. 대통령 탄핵 주도는 보수의 가치를 저버린 행위라는 주장에 관하여

'안정적 성장'을 위한 보수의 가치는 공정하고 합리적이며, 개방적이고 포용적인 자율·자유 사회 건설에 있습니다. 이를 위해 반드시 지켜야 할 가치는 헌법 질서와 자유민주주의 수호입니다.

윤석열은 보수의 리더였던 박근혜 대통령의 형사 처벌에 앞장섰고, 적폐청산이라는 이름으로 보수를 절멸에 이르게 했습니다. 이후 '공정'과 '상식'이라는 보수 가치를 내세우며 보수의 대통령으로 당선되었으나, 보수의 가치를 추구하기보다는 극우 유튜버들에 빠져 극우 성향에 함몰되었습니다.

그 결과, 현재 조사를 통해 밝혀지고 있는 사실에 의하면 약 1년 전부터 친위쿠데타 나라의 주인은 국민과 헌정 질서인 바, 대통령이 헌정 질서를 무너뜨리는 시도를 친위쿠데타라 합니다를 준비하였고, 2024.12.3. 정치적 반대세력 척결 및 헌법기관인 국회 해산·언론보도 자유 제한 등 반헌법적·반보수적·반민주적 지향점을 가진 비상계엄을 발표하였습니다. 나아가, 실제로 국회에 무장군인들을 투입하여 계엄해제를 위한 헌법기능을 수행하는 국회의원들의 국회 진입을 막고 좌절시키려 하였습니다.

상황이 이와 같다면, 윤석열은 형법상 내란수괴에 해당하며, 보수의 가치를 정면으로 훼손한 보수의 배신자입니다. 당연히 계엄을 해제해야 하고, 이런 일을 야기한 대통령을 대통령의 직에 그대로 둘 수 없기에 탄핵하여 직무를 정지시켜야만 합니다. 이것이 헌정 질서와 자유민주주의를 수호하는 것이며, 보수의 가치에 부합한 행동입니다.

그럼에도, 정치적 이해관계 및 유불리·진영논리 등을 이유로 탄핵을 반대하고 윤석열과 결별하지 못하는 것이야말로 보수의 가치에 반하는 반보수적 행동이며, 국가를 파탄 내고, 국민을 힘들게 하는 것입니다.

우리 국민의힘이 나아갈 길은 오직 하나입니다. 윤석열과 절연하고, 보수의 가치를 중심으로 다시 당을 재편하여 보수의 가치를 실현함으로써 국민의 신뢰를 다시 얻어가는 것입니다. 이것은 당연한 상식이며 원칙입니다. 헌정 질서와 자유민주주의를 파괴한 윤석열의 비상계엄을 정당화하는 것은 보수의 가치를 정면으로 위배하는 것입니다. 따라서, 윤석열을 탄핵한 것이 보수의 가치에 위배된다는 주장은 앞뒤가 맞지 않는 주장입니다.

2. 당을 공격하는 행보는 우리의 정체성을 위협한다는 주장에 관하여

존 롤스의 《정의론》에 보면, "충성스러운 반대라는 관념이 없이는, 그리고 그것을 표현하고 보장하는 헌법상의 규칙들을 고수하지 않고는 민주정치란 제대로 시행될 수가 없으며 오래 지속될 수도 없다"고 합니다.

국민의힘은 정통 보수정당입니다. 그리고 그 정당성은 민주화를 이룩한 김영삼 전 대통령의 노력과 군사독재 잔재를 청산하기 위해 시행했던 하나회 청산, 그리고 전두환·노태우 두 대통령을 형사 처벌함으로써 갖추어졌습니다. 국민의힘은 민주주의의 바탕 위에 보수의 가치를 추구하는 정통 보수정당인 것입니다.

그런데 국민의힘이 당리당략과 진영논리 그리고 이해

관계에 빠져 정통 보수의 길을 추구하지 못하고 도리어 극우적 모습에 빠져버린다면, 이를 지적하고 바른길로 되돌아오도록 주장하고 행동하는 것이 '충성스러운 반대'라고 생각합니다. 이것이야말로 진정 당을 사랑하기에 할 수 있는 행동입니다.

저의 생각과 말과 행동은 오로지, 우리 국민의힘이 정통 보수의 가치를 추구하는 민주주의적 정통 보수정당으로 기능하게 하기 위한 직언이며 고언입니다. 이런 고언을 하지 않는다는 것은, 국민의힘이 보수의 길을 버리고 이익을 위해서라면 독재도 괜찮다는 반헌법·반민주주의 극우의 길을 가는 것을 방관하는 것이 됩니다. 무엇이 진정으로 당을 위하는 길일까요.

3. 울산 보수 진영의 분열을 초래한 책임을 져야 한다는 주장에 관하여

보수 진영이라는 표현을 쓰기 위해서는 먼저, 우리가 '보수의 가치'를 진정으로 추구하고 실행하고 있어야 합니다. 저는 그래서 '보수의 가치'를 이야기하고 있는 것입니다. 정확한 가치 개념 정립 없이 단순히 무리 지어 있음을 보수라 할 수는 없습니다. 보수의 가치를 정립하고, 이를 기준으로 옳고 그름을 판단 기준으로 삼으며, 정책과 행동을 지향할 때 진정한 보수입니다. 그런데 건강한 보수·올바른 보수를 만들려는 노력조차 분열로 치부한다면, 맹목적 충성과 단결만 요구하는 집단 광기에 다름 아닙니다.

우리 보수주의자들은 늘 자유민주주의를 추구해왔습니다. 즉, 국가 권력을 주인인 국민이 자유롭게 변경할 수 있어야 한다는 말이고, 이것은 자유로운 토론과 사고 그리고 행동을 보장함으로써 가능합니다. 그렇기에 집회결사와 언론보도의 자유를 헌법에서 보장합니다.

하지만, 이런 자유에도 제한은 있습니다. '방어적 민주주의'라고 하여 극우 극좌의 이념에 취해 민주주의를 파괴하려는 시도는 허용하지 않는 것입니다.

'극우', '극좌' 그리고 우리가 싫어하는 북한의 공통점은 무엇일까요? 바로 옳고 그름을 따지지 않고 시키는 대로 한다는 맹목적 충성, 그리고 배타성, 권위주의, 폭력성, 남을 인정하지 않는 생각 등입니다. 우리가 싫어하는 이런 것들을 추구하는 것이야말로 진정한 종북이고 없어져야 할 관념들입니다. 국민의힘이 보수의 길에서 벗어나 극우의 길로 간다면 방어적 민주주의의 경계대상인 극우정당이 되어버릴 수 있습니다. 이것을 막는 것은 흡사 몸 안에 극우라는 병균이 들어왔을 때 면역세포가 이를 막아내는 것과 같습니다.

정통 보수를 추구하는 국민의힘에서 정통 보수의 가치로 되돌아가자는 주장과 행동을 하는 것, 그리고 보수의 가치를 훼손하고 헌정 질서와 자유민주주의 질서를 훼손한 대통령을 탄핵해야 한다고 주장하는 것은 당을 분열로 이끄는 길이 아닙니다. 당위를 당연하게 이야기하고 있는 것이고, 이로써 합리적이고 상식적인 일반 시민들이 우리 당에도 이런 상식적 사람이 있구나라는 생각을 가지게 합니다.

4. 마무리하며

정치는 국가와 국민을 위해 봉사하는 것이 제일 우선입니다. 그리고 정당은 가치를 추구하고, 그 가치는 국가와 국민을 위해 존합니다. 그러나 어느 순간부터인가 우리 사회는 진영논리에 갇혀 극단의 광기에 빠져버렸습니다. 추구하는 가치를 기준으로 '옳고 그름'을 판단하여 '옳음'을 위해 나아가는 것이 정치인이어야 하나, 이런 노력은 없어지고, '자리욕심', '공천 욕심', '이해관계', '당리당략', '사리사욕' 등에 매몰되어, 시민들을 선동하며 국가를 어려움에 빠뜨리고 있습니다. 극단의 진영 싸움은 가히 '광기의 시대'를 연상하게 합니다. 극단의 광기는 역사적으로 언제나 참혹한 비극과 독재정권 등장으로 이어졌습니다. 우리가 살고 있는 그리고 우리 후세가 살아야 할 대한민국을 그렇게 두어서는 안 됩니다.

이제 우리 정치는 원래의 의미로 되돌아와야 합니다. 보수의 가치를 추구하며 이를 기준으로 옳고 그름을 판단하고, 옳음을 추구하는 정치를 해내야 합니다. 민주주의를 수호하고 헌정 질서를 지켜가는 것은 정치인이라면 그리고 정당이라면 가져야 할 가장 기본적인 시민에 대한 의무입니다.

이번 시·구의원님들의 기자회견을 통해, 울산 사회 전반에

1) 보수와 극우의 차이점을 인식하는 계기가 되고,
2) 진영논리 타파의 필요성을 느끼는 계기가 되며,
3) 더 많은 논의와 고민의 시작이 되기를 희망해 봅니다. 그런 고민과 논쟁이 민주사회를 더욱 굳건하게 만듭니다.

2025.1.14.

정치를 잘못 배웠다는
비판에 대하여

전날 의원총회 발언 내용으로 아침부터 기자들의 전화가 많았습니다. 1월 13일 저녁, 국민의힘 비공개 의원총회에서 제가 단상에 나가 "당이 계엄을 옹호해서는 안 된다. 반헌법 불법 계엄이다"라는 취지로 발언하자, 여러 국민의힘 의원들이 강력히 비난했고, 그중 몇몇 선배 의원님이 "정치를 잘못 배웠다. 생각이 다르면 함께할 수 없지 않겠느냐"라는 취지로 말씀하셨습니다.

정치를 잘못 배웠다는 말에 대해 여러 번 다시 생각했습니다. 정치의 본질이 권력 획득이나 무리 짓기 또는 모략이 되어서는 안 됩니다. 정치의 본질은 국가와 국민을 위하는 것이어야 합니다. 12·3 내란으로 무너진 헌정 질서를 바로 세우고, 국가와 국민을 해하려 한 잘못된 대통령을 탄핵하는 것, 그리고 이를 위해 양심에 따라 행동하는 것은 정치를 잘못 배운 것이 아닙니다. 오히려 국가와 국민과 양심을 저버리고 작은 권력욕과 무리 짓기에 갇혀 모략과 정쟁만 되풀이하는 것이야말로 정치를 잘못하는 것이고 잘못 배운 것입니다.

국민의힘을 떠나라는 요청을 단호히 거절했습니다. 당시 저는 국민의힘을 정상 보수정당으로 회복시키는 것이 의무라 생각했기 때문입니다. 나가야 할 사람은 정당을 바로 세우려는 사람이 아니라, 당헌에 위배된 반헌법적·반보수적·반민주적 생각과 행동으로 정당을 오염시키는 사람입니다. 아무리 그 수가 많다 하더라도 당헌에 위배된 잘못된 행동을 한다면 그들이 당에서 나가야 할 사람들입니다. 정당은 특정 집단의 전유물이 아닙니다. 다수 국민들과 지지자들, 당원들의 노력과 의사가 결합된 공적 결사체입니다.

2025.1.15.

윤석열 체포의 날, 겸양의 정치

공수처가 마침내 윤석열을 체포했습니다. 긴 시간 국민의 속을 검게 타들어가게 하며 대치를 이어갔지만, 다행히 다친 사람 없이 법 집행이 이루어졌습니다. 정당한 법 집행보다 대통령이 더 우위에 있다는 오만함은 결국 무너졌습니다.

김상욱 국회의원 SNS 발췌

겸양

2025.1.15.

윤석열 체포를 바라보며, 하루 종일 무거운 마음으로 복잡한 상념들을 되돌아봅니다. 우리가 견뎌내야 할 탄핵의 시간 속에서 또 한 번 중요한 고비가 지나가고 있다는 감상, 그리고 여당의원으로서 느끼는 책임감·송구함·착잡함, 깊은 진영 갈등에 빠진 사회, 국가 불안정성과 경제위기, 민주주의와 헌정 질서 회복, 그런 복잡한 상념들의 끝에서 '겸양'을 떠올립니다.

12·3 사태 이후, 마치 급작스런 사고를 피하려는 강렬한 몸부림처럼, 우리는 불안과 분노를 겪고 있습니다. 이런 상황을 악용하여 이익을 취하기 위해 갈등을 부채질한 결과, 서로를 용납하지 못하고 불신하며 반목이 깊어졌습니다. 우리는 차분히 서로를 존중하며, 지금을 바라보고 미래를 준비

해야 합니다.

불안과 분노를 내려놓고, 나와 생각이 다르더라도 탓하기보다 겸손하게 상대의 생각을 존중하고 배려하는 성숙함을 갖추길 바랍니다. 마음 속 작은 여유가 우리에게 더 명확한 판단과 현명함을 줄 것입니다.

정치부터 겸양해야 합니다. 정치의 한켠에서 "일반인까지 내란 선전선동죄로 고발할 수 있다"는 말이 나옵니다. 그러나 윤석열의 체포로 내란행위는 더 이상 현재진행이 아니기에 이를 바라보는 국민은 또 다른 형태의 불안(생각과 행동의 자유에 대한)을 느끼게 됩니다. 정치의 다른 한켠에서는 "상대방이 집권하면 공산화된다"고 합니다. 설령 이득이 있더라도 정치가 갈등을 조장해서는 안 됩니다.

갈등이 아닌 '존중과 신뢰'에서 정치와 사회의 자양분을 얻어야 합니다. 상대의 잘못만 바라보며 반사이익을 얻으려 하기보다 우리가 잘해서 인정받아야 합니다. 정치가 먼저 모범을 보여야 합니다.

2025.1.16.

《스카이데일리》의 거짓 보도

《스카이데일리》가 1월 16일 '중국인 간첩 99명이 중앙선거관리위원회 연수원에서 체포되어 오키나와 미군기지로 압송되었다'는 특종 보도를 했습니다. 얼핏 들어도 상식적이지 않은 말이었고, 즉시 국방부와 주한미군 등이 완전한 허위임을 확인하였습니다. 하지만 근거도 없는 이런 거짓 보도는 삽시간에 일반 대중에게 퍼져나갔습니다. 위 보도는 추후 거짓임이 밝혀졌고 형사 처벌로 이어졌습니다.

국민들이 언론의 보도가 사실관계가 분명한지 일일이 모두 확인하기는 어렵습니다. 언론이 사실 확인 및 검증 과정을 거쳐 보도할 것으로 신뢰하며, 언론의 보도에 대해 사실을 전제하여 견해를 형성합니다. 그렇기에 언론이 거짓을 보도하는 것은 단순한 부도덕함을 넘어, 민주주의에 본질적 위협이 됩니다. 주권자 국민의 판단을 왜곡하기 때문입니다.

언론사가 논조를 가지는 것은 필요한 일입니다. 하지만 그 논조는 객관적 사실에 바탕해야 합니다. 또한 침소봉대(針小棒大)로 핵심을 왜곡하지 않아야 합니다. 본질 쟁점에 집중하며 진실한 사실을 바탕으로 논조를 논리적으로 밝힐 때 언론은 더욱 건강하게 제 기능을 다할 수 있습니다.

언론사가 거짓 보도를 하는 경우, 민사적·행정적 제재를 강화해야 합니다. 고의와 중대한 과실로 거짓을 보도하여 국민의 건전한 여론 형성을 방해한 경우, 더 무거운 형사 처벌도 뒤따라야 합니다. 언론의 잘못된 보도로 피해를 본 피해자가 있다면 더욱 두텁게 보호해야 합니다. 언론을 건강하게 하는 것은 민주주의 수호의 핵심 영역입니다.

2025.1.17.

내란특검법 여야 합의 무산

최상목은 내란특검법에 대해 여야 합의를 요구했습니다. 합의가 없으면 거부권을 행사하겠다는 입장을 공식화하며 권한대행이 해서는 안 되는 부도덕한 수사 방해목적 정치 행위를 자행했습니다. 최상목의 이런 언행은 분명 잘못된 것이기에 비판해야 할 사항이나, 비판만 하며 시간을 허비할 수는 없었습니다. 더 많은 증거가 사라지기 전에, 내란 수사가 왜곡되기 전에, 행동에 나서야 했습니다.

저는 1) 내란특검법이 여야 합의로 국회를 통과하지 않을 경우 대통령 권한대행이 거부권을 행사할 것인바, 다시 재표결로 국회로 내려오면 국민의힘의 반대로 법안이 통과되기 어렵다는 점, 2) 내란특검법 중 윤석열에 관한 부분은 구속 기간 제한의 문제가 있는 점 수사 단계 구속 후 경찰 단계 10일, 검찰 단계 10일, 최장 20일 내 기소해야 함이 원칙입니다, 3) 내란죄의 수사 권능에 관하여 경찰에 수사 권능이 있으나 공수처로 이관된바 이에 대한 법률적 논쟁이 있는 점, 4) 형사법은 절차의 작은 하자라도 나타나면 법원에서 절차 하자를 이유로 황당한 결과를 내릴 수 있기에 가급적 위험 소재를 없애야 하고, 특검이 수사를 정리하여 기소하는 것이 법률 쟁점 리스크를 줄이는 데 가장 유효하다는 점 등을 이유로, 특검법 통과의 시급성과 중요성을 주변 의원들과 더 넓게 공유해갔습니다.

국민의힘 의원총회에서도 논의가 이어졌는데, 원내지도부는 이례적으로 내란특검법을 국민의힘에서도 발의하여 합의 통과하려 하니 양해를 구한다는 취지를 설명했습니다. 원내지도부의 이런 이례적 방침에 한남동 45인의 의원을 비롯한 원내 주류는 강력히 반발하였습니다. 돌이켜보면 이는 권성동 원내대표의 치밀한 계산이었습니다.

권성동 원내지도부는 "내란특검법을 당론으로 반대만 한다면, 권한대행이 거부권을 행사하더라도 국회에서 재표결이 이루어질 때, 국민의힘 내 내란특검법 찬성론자들의 소신 이탈표가 발생하여 재의결 통과를 막기 어렵다는 점"

을 이유로 들며, 국민의힘도 함께 발의해야 한다는 당위성을 주장하였습니다. 특히 "찬성론자들 때문에 재의결을 못 막잖아."를 반복했습니다. 재의결을 막기 어렵기에 찬성 법안을 발의한다는 것은 앞뒤가 맞지 않았고, 지도부의 특검법 발의 진정성을 의심할 수밖에 없는 부분입니다.

이러한 지도부의 내란특검법 찬성론자들을 빌미로 한 이례적 특검법 발의 행위는, 한남동에 다녀온 45인의 의원을 비롯한 탄핵 반대 강경파 의원들에게 탄핵에 찬성하고 내란특검에 찬성하는 의원들에 대한 적개심을 높일 수 있는 명분과 환경을 조성했습니다. 결과적으로 원내 주류인 탄핵 반대파가 더욱 매서운 눈과 입으로 탄핵 찬성파 의원들을 압박할 수 있게 했으며, 배신자를 넘어 '척결할 원수' 취급하는 분위기가 조성되었습니다. 그렇게 국민의힘 원내 내란특검법 찬성 의원들의 입지가 매우 좁아졌습니다.

돌이켜보면, 입장이 다른 구성원을 대상으로 증오를 일으키게 하고, 이로써 단결과 명분·대상 세력의 약화까지 함께 얻어 가는 대단한 기술이었습니다. 이에 더하여 사소한 이유로 합의 처리를 거부해 버리면 상대당에게 명분 부담까지 주면서 실상은 하나도 양보하지 않는 결과를 만들 수 있었기에, 권성동 원내지도부 입장에서는 잃을 것 없이 명분과 실리를 모두 챙기는 이벤트였습니다.

권성동 원내지도부는 이날 점심시간에 저를 원내대표실로 불러 함께 김밥으로 점심을 하며 "김 의원이 원하는 대로 내란특검법을 국민의힘에서도 발의했으니, 이 사안에 대해서는 당의 입장에 따라주기 바란다. 이제 속이 시원하냐. 지도부가 이렇게까지 하는데 혹여 재의 요구가 왔을 때 찬성하면 그건 도리가 아니다"라며 웃어 보였습니다. 권성동 원내대표의 계산과 계획을 읽고 있었지만, 국민의힘이 내란특검법을 발의한다는 사실 자체가 중요했기에 반박을 제기하기 어려웠습니다.

저는 어렵게 양당 발의가 된 내란특검법이 꼭 협의 통과되어야 권성동 원내대표의 숨은 뜻이 좌절될 수 있다고 생각했고, 특히 윤석열에 대한 내란 수사가 수사권 논쟁에 휘말리거나 적기를 놓쳐서는 안 된다는 절박함이 있었습니다. 이에 평소 소통하던 민주당 의원님에게 "윤석열 내란 수사에 하자가 없어야 하고, 지금 중요한 건 내란특검이 윤석열 내란의 혐의를 기소할 수 있게 해주는 것이다. 그로써 여러 논란이 사라진다. 모자란 점은 차후 고민하고 가급적 국민의힘 안을 수용해서 여야 합의로 내란특검을 통과시켜 주길 바란다"고 부탁했습니다.

그러나 그날 저녁 여야 양당의 내란특검법 합의는 오랜 시간의 협상 끝에 결국 무산되고 말았습니다. 민주당이 국민의힘 안을 대폭 수용하는 수정안을 제시했지만, 국민의힘은 발의안에서 조금도 고칠 수 없고 그대로가 아니면 받지 않겠다고 버텨 무산되었던 것입니다. 이로써 내란특검법은 적시에 실행되지 못했고, 결국 특검이 아닌 공수처가 윤석열을 내란 혐의로 법원에 기소하는 지경에 이르게 되었습니다. 우려했던 대로 공수처의 수사권능 문제가 쟁점으로 부각되고 불필요한 혼란이 더해졌습니다.

내란특검법 소동은 권성동 원내지도부를 위시한 탄핵 반대세력의 당내 장악력을 더욱 높이고, 국민의힘 탄핵 찬성 세력이 실질적으로 와해되는 결과를 가져왔습니다. 결과적으로 권성동 원내대표가 실속을 모두 가져간 정치 기술이었습니다. 제가 바라던 국민의힘을 바로 세우려는 길은 더욱 멀어져 갔습니다.

2025.1.18.

윤석열 구속영장 실질심사

서울서부지방법원에서 윤석열에 대한 구속영장 실질심사가 진행되었습니다. 국민의힘은 현직 대통령을 굳이 구속해서 수사할 필요가 있느냐며 공세했으나, 내란을 일으킨 자를 내란죄로 수사하는데 구속하지 않는다는 것이 더 이상하며, 현직 대통령이기에 증거 인멸의 위험이 너무나 컸고, 이미 증거 인멸 시도가 보도되고 있었습니다. 법을 무시하는 권력 있는 현직 대통령이라면, 실체관계가 왜곡되지 않게 더 엄하게 막아야 했습니다.

서울서부지방법원 앞은 영장 실질심사를 방해하려는 윤석열 지지 시위대로 혼잡했습니다. 민주주의 사회에서 정당한 집회와 시위는 보호받고 보장되어야 하지만, 서울서부지방법원 앞 집회는 폭력적이고 원색적이며 거짓 선동이 난무했습니다. 군대를 동원하여 헌정 질서를 부수고 시민을 위협한 윤석열이 증거를 오염하고 도주할 우려가 있기에 구속영장을 발부하려는데, 이를 반대하는 논리를 이해할 수 없었습니다.

대통령의 헌법수호의무는 다른 공직자들보다 더욱 본질적이고 중요합니다. 그렇기에 군대를 동원하여 정치적 반대세력을 척결하는 방법으로 독재를 시도하고 헌법을 부수려한 행위에 대한 가벌성과 책임은 더욱 무거워집니다. 또한, 대통령직에 있기에 증거를 오염 및 인멸하고 증인들의 허위진술을 유도할 가능성도 더욱 큽니다. 법치주의와 정의실현·국가 기강 확립을 위해 윤석열의 구속은 반드시 필요했습니다.

2025.1.19.

윤석열 구속과 시비이해(是非利害), "똑바로 삽시다"

13시간의 구속영장 실질심사 후 윤석열이 드디어 구속되었습니다. 또 한 고비를 그렇게 지나가고 있었습니다. 윤석열의 구속과 이를 둘러싼 첨예한 정쟁 과정을 보며 세상의 근간인 시비이해에 대해 생각했습니다.

세상은 옳고 그름, 이득과 손해가 어우러져 운용됩니다. 그런데 옳고 그름, 즉 시비(是非)가 먼저일까요? 아니면 이득과 손해, 즉 이해(利害)가 먼저일까요? 계엄의 밤 이후, 국민의힘 내부의 많은 논의를 보며 들었던 의문은 "왜 의원들이 '이해'에만 빠져 있는 걸까"였습니다. 무엇이 옳은가의 고민보다, 무엇이 당과 자신에게 더 이익이 되는가를 가지고 열심히 고민하고 언행으로 이어졌던 것 같습니다. 그런데 옳고 그름에 대한 고민 없이 오직 이해득실만 계산하여 판단하면 과연 그것이 진정한 이익으로 돌아올까요?

저는 옳고 그름, 즉 '시비'가 근간이고, 이익과 손해의 결과, 즉 '이해'는 그 결과 혹은 가지에 불과하다고 생각합니다. 옳지 않은 이익 추구는 당장 이득이 되는 것 같지만, 결국에는 큰 손해로 돌아오고, 옳은 노력은 당장 손해 같지만, 결국에는 큰 이익으로 돌아오기에 옳고 그름, 즉 '시비'가 근간입니다.

계엄에 관해서 윤석열의 비상계엄 실행은 명백히 잘못된 일이었으며, 대통령의 자격이 없다고 판단됩니다. 그렇기에 국민의힘이 앞장서 탄핵한 후 당 스스로 잘못을 반성하고 새 마음, 새 각오로 나아갔다면 당장은 당이 비판받고 지지자가 흩어지는 어려움이 있더라도, 길게는 당이 중심을 잡고 다시 국민의 신뢰를 얻을 수 있었을 것입니다. 그러나 국민의힘은 당장의 이해를 좇아 옳고 그름에 대한 고민을 놓아버린 것 같습니다. 그 결과는 장기적으로 건강한 당원들과 구성원의 이탈, 정당의 지향 가치 상실, 국민의 신뢰 상실로 이어질 것이고, 경우에 따라 다시 고쳐 쓸 수 없을 정도의 심각한 망가짐으로 귀결될 수도 있습니다.

눈을 돌려, 요즘 '이해를 좇는 국가'의 대명사가 되어버린 미국을 살펴봅니다. 미국이라는 강한 나라가 그 강함을 이용하여 오로지 '이해'만 좇아 동맹국과 다른 국가들을 다루고 있습니다. 이런 '이해'만 좇는 행위는 결국 동맹국들의 신뢰와 미국의 지향 가치 상실, 건강한 경제 생태계 붕괴 등으로 이어져 더 큰 피해로 돌아올 것입니다.

'시비'는 근간이고, '이해'는 결과의 가지에 불과하다는 예는 수없이 많습니다. 우리네 삶을 바라볼 때, 눈앞의 '이해'가 아닌 이면의 '시비'를 바라보며 근간에 힘쓴다면, 우리 삶의 오류를 조금은 더 줄여볼 수 있지 않을까 제안합니다.

    옳고 그름이라는 시비가 근간이 되고, 이해는 그 결과인 가지임을, 그리고 세상 이치가 '인과(因果)'의 틀을 벗어날 수 없음을, 그 당연함을 잊어서는 안 됩니다.

김상욱 국회의원 SNS 발췌

시비이해와 옳음 추구

2025.1.19.

시비이해(是非利害). 세상일을 바라볼 때 무엇을 기준으로 할 것인지는 매우 중요합니다. '시비(是非) 즉, 옳고 그름을 기준으로 할 것인가. 아니면 이해(利害) 즉, 이득이 되는가, 손해가 되는가를 기준으로 할 것인가.' 저는 단연코 시비가 근간이고 이해는 그 가지에 불과하니, 시비를 기준으로 해야 한다고 생각합니다.

그리고 그 시비는 '추구하는 가치'와 '객관화된 상식' 그리고 '반성적 성찰'을 기준으로 세워야 합니다. 여기서 반성적 성찰이 중요한데, '시비를 가린다고 하나, 사실은 이해에 기반해 왜곡되고 있는 것이 아닌지' 스스로 성찰하는 과정입니다.

정치란 개인의 사리사욕이 아니라 국가와 국민을 위하여 공인으로서 공적 목적을 달성하려는 행위이기에, 이러한 시비에 따른 '옳음 추구'는 더욱 절대적 명제입니다.

그러나 현실정치는 그렇지 않은 것 같습니다. 분명 '그름'을 알지만 정치적 이득을 위해 '그름'을 선택하는 정치인들이 생각보다 많습니다. 또는 정치적 이해관계를 먼저 계산하다 보니 스스로 '그른 것을 옳다고 세뇌 시켜버리는' 경우도 있습니다. 두 가지 모습 모두 공인으로서 잘못된 자세이며, 이런 생각에서 비롯된 행동은 소신(所信)이 아니라 '망신(妄信)'입니다.

'독재는 잘못되었다', '폭력이 잘못되었다', '극우와 극좌는 나라의 방향이 아니다.' 이것은 누구나 공감하는 공통 명제입니다. 그러나 일부 정치인들은 자신의 정치적 영향력 확대와 지지층 결집을 위해 이를 미화하거나 오히려 더 선동하기도 합니다. 윤석열의 12·3 비상계엄은 명백히 민주주의를 부정하고 독재를 시도한 행위였습니다. 따라서 그 행위를 미화하고 보호하려는 것은 독재 옹호가 될 수 있습니다. 정치인들도 이것을 분명 알고 있을 것입니다. 그럼에도 불구하고 시비가 아니라 이해를 우선시 하다 보니 역사에 망신(妄信)으로 기록될 수 있는 언행에 서슴없이 나서고 있습니다.

주권자인 국민께서 정확히 보고, 기억하고, 행동하셔야 할 부분이라 감히 생각합니다.

2025.1.19.

서울서부지방법원 침탈과 법치주의 붕괴

윤석열에 대한 구속영장 발부에 항의하여 법원에 폭도들이 침범하였습니다. 영장 발부 판사를 찾아내 응징하겠다는 반란 수준의 폭력적 발상이었으며, 일부 극우 유튜버들이 그 동기를 제공했습니다. 국민의힘 소속 의원의 신중하지 못한 언행도 영향을 주었다는 평가입니다. 법원이 침탈당하는 상황, 우리는 어떻게 봐야 할까요?

대한민국은 법치국가입니다. 이 법치의 개념은 형식상·명목상 법으로 나라를 다스리는 것이 아니라, 내용과 실질에서도 민주주의 등 헌법 정신에 부합한 '실질적 법치국가'의 개념입니다. 실질적 법치국가의 성립과 수호를 위해 법원은 존중받아야 하고, 그 존중은 법관의 독립을 전제로 합니다. 법관의 독립은 법관이 마음대로 재판하라는 것이 아니라, 오로지 '법률과 양심'만을 기준으로 삼을 것을 요구합니다. 법관 자신의 개인적 편견과 정치적 성향·감정·외압 등으로부터 독립할 것을 요구합니다.

법관이 법관의 독립을 지키며 재판하는 것은 쉽지 않습니다. 법관도 사람이기에 정치적 성향과 편견·감정이 있을 수 있고, 재판 결과가 법관 자신에게 사회적 영향을 줄 수도 있으며, 중요한 재판일수록 외압도 무겁습니다. 그럼에도 불구하고 법관이 오로지 법률과 양심에 따라 판단하며 대한민국의 실질적 법치국가 개념을 수호하고 있다고 믿기에 법관을 존중하는 것입니다.

그날 밤, 윤석열에 대한 구속영장 발부를 결정한 재판부는 엄청난 물리적·심리적 압박을 받았을 것입니다. 폭력적 구호와 위협적 태도를 보인 수많은 인파가 법원을 에워쌌고, 현직 대통령에 대한 구속 여부를 결정해야 했습니다.

윤석열에 대한 구속은 사실 너무나 상식적 판단입니다. 사유가 없는 비상계엄을 했고, 비상계엄으로도 할 수 없는 국회 기능 마비를 시도했으며, 이로써 반헌법·불법 비상계엄을 합법적 해제조차 하지 못하게 하려 하였던바, 그동안의 법 해석으로 볼 때 '내란죄' 성립에 문제가 없습니다.

그러나 이런 당연한 법 해석과 양심에 따른 결정을 내리기까지 담당 재판부의 법관은 생명의 위협까지 느껴야 했고, 실제 결정을 내린 후 폭도들이 법원에 난입해 무법천지를 만들어 버렸습니다.

법관이 법관의 독립과 양심을 지켜 판단했다면, 우리는 이제 그 법관을 지켜줘야 합니다. 어려운 역할을 해낸 법원의 존엄과 위상을 지켜줘야 합니다. 대법원장이 앞장서 법원의 입장을 분명히 밝히고, 사회 공동체가 나서서 폭도들에 대한 엄벌과 재발 방지를 만들어내야 합니다. 우리가 법률과 양심에 따라 판단하고 행동한 법관들을 지켜내야만, 법관들도 법관의 양심과 독립을 계속 지켜갈 수 있을 것입니다.

2025.1.21.

윤석열 헌법재판소 탄핵 심판 첫 출석

헌법재판소에서 열린 탄핵 심판 3차 변론에 윤석열이 직접 출석했습니다. 헌정 사상 전·현직 대통령 최초의 탄핵 심판 출석입니다. 우리는 잘못된 대통령이라도 국격을 생각해서 대한민국 대통령으로서 최소한의 품위와 양심은 보여주길 바랐습니다. 그러나 첫 출석부터 그런 바람은 여지없이 무너졌습니다.

윤석열은 "자유민주주의 신념을 확고히 갖고 있다"고 밝혔지만, 그가 단행한 12·3 비상계엄은 자유민주주의 파괴 행위였습니다. 최상목 전(前) 기획재정부 장관에게 국가비상입법 관련 문서를 전달한 적이 없다고 진술했으나, 최상목은 수사기관에 윤 대통령으로부터 직접 전달받았다고 진술한 것으로 보도되었습니다. 국회의원을 끌어내라는 지시를 한 적이 없다고 부인했으나, 국회 청문회와 수사기관의 수사를 통해 이미 국회의원 체포와 연행 지시 사실도 드러났습니다. 계엄포고령을 작성하지 않았다고 진술했으나, 윤 대통령이 직접 계엄포고령 문구를 수정하고 검토한 사실도 드러났습니다.

윤석열을 따랐던 자들도 이렇게 윤석열이 거짓으로 일관하며 모든 책임을 부하들에게 떠넘길 줄은 몰랐을 것입니다. 배신감을 느꼈을 겁니다. 말과 다른 행동, 아무렇지 않게 하는 거짓말들, 국민에 대한 사과와 반성은 커녕 최소한의 책임지는 자세도 보이지 않는 모습, 국민에 대한 최소한의 애정과 존중감조차 없는 태도, 법원과 법의 원칙에 대한 무시, 이 모든 것이 윤석열의 부도덕한 민낯이었습니다.

윤석열에게 건강한 민주주의와 주권자 국민의 존재는 불편한 제거 대상에 불과했던 것 같습니다. 헌정 질서와 민주주의를 파괴하려 한 무도한 내란 시도는 윤석열에게는 어쩌면 너무나 당연한 귀결이었겠다는 생각을 했습니다.

2025.1.22.

국회 내란국정조사특위 첫 청문회

국회 '내란국정조사특별위원회'가 첫 청문회를 열었습니다. 비상계엄 시기 장관들에게 전달된 문건과 관련 의혹이 거론되었는데, 거짓과 변명으로 점철된 주장과 이를 밝혀내려는 노력이 대립하며 마치 '톰과 제리'를 연상케 했습니다.

비상계엄을 앞둔 국무회의에 참석한 장관들은 저마다 아무것도 모른다며 범행을 은폐하는 데 급급했습니다. 그러나 이후 밝혀진 국무회의 cctv 영상에서 한덕수 당시 국무총리를 비롯한 국무위원 상당인원이 계엄에 적극 동조하였음이 입증되었습니다. 헌정 질서를 파괴하고 국민을 위협하려 했던 국무위원들에게 뒤늦게라도 국민에 대한 정직한 반성을 요구하는 것은 애초 무리한 일이었을까요?

어쩌면 그들은 그들의 비위행위가 세상에 드러나지 않

을 것으로 믿었을지도 모르겠습니다. 내란 실패 후 증거를 인멸할 시간과 힘이 그들에게 있었고, 거짓에 선동된 지지자들이 있었으며, 진영정치와 자기정치에 갇혀 국민과 국가를 외면하고 잘못된 그들을 지켜내려는 정치세력이 존재했기에, 그들은 진실을 가릴 수 있을 것으로 오판했을 수 있습니다.

비겁한 경험을 축적하지 않기 위해서라도, 내란에 대한 수사와 처벌은 철저해야 합니다. 시간이 걸리더라도 꼼꼼하게 모든 진실을 밝혀내야 합니다. 잘못한 자를 처벌해야 합니다. 잘못하고서 반성하지 않고 진실을 은폐하려 했던 자들은 더 엄하게 처벌해야 합니다. 그래야만, 비겁한 경험의 축적을 막고 국가의 근간을 제대로 세울 수 있습니다.

이날 저는 정들었던 국회 여성가족위원회 간사직에서 물러났습니다. 여성가족위원회 국민의힘 간사로 활동하며 좋은 선배·동료 의원님들과 마음 맞추어 의정활동을 함께했던 좋은 경험이었기에 해촉되며 아쉬움이 컸습니다.

2025.1.23.

미국 트럼프 대통령의 취임

미국 트럼프 대통령이 취임했습니다. 트럼프의 취임은 윤석열을 지키려는 극단적 정치세력에게 희망과 망상의 불씨가 되었습니다. 그들은 트럼프와 윤석열이 같은 지향점을 가지고 있다고 믿으며 트럼프가 강대국 미국의 힘을 이용하여 윤석열을 구해줄 것으로 기대했습니다.

그러나 그런 일은 일어나지 않을 것입니다. 윤석열은 명백한 반헌법·반민주적 내란을 저지른 범죄자이고, 음모론에 빠져 국정을 게을리하였으며 권력으로 대접받으려 했을 뿐, 제대로 된 역할을 수행할 의지조차 없었습니다. 트럼프가 선인(善人)이라 단정할 수는 없지만, 그런 트럼프조차 윤석열을 옹호하거나 도울 이유와 가치가 전혀 없습니다. 윤석열은 그 정도로 한심한 사람이었습니다.

트럼프 대통령은 취임과 동시에 전 세계를 상대로 미국 우선주의와 약탈적 관세 수탈을 선언했습니다. 미국 우선주의는 미국이 도덕적 가치와 세계 경찰로서의 역할 수행에 더 이상 국력을 쏟지 않겠다는 표현이었고, '미국을 위대하게'라는 표어는 문화적·도덕적 우위가 아닌 힘에 의한 군사적·약탈적 우위를 의미했습니다.

미국의 이런 변화는 어쩌면 피할 수 없는 일인지 모릅니다. 미국의 채무는 이자 지급액이 국방비를 상회할 정도로 악화되었고, 제조업 역량은 사라졌으며, 극단적 배타주의가 커지고 있습니다. 민주주의의 전통과 자부심은 보이지 않고, 미국 공화당은 보수의 지향 가치를 잃어버린 채 극우·수구적 극단주의에 빠졌고, 미국 민주당은 마치 뇌사 상태에 빠진 것처럼 무기력해졌습니다. 미국은 공정무역이 아닌 '약탈경제'로 자신들의 위기를 타개하려 할 것이고, 이를 바탕으로 트럼프식 독재가 시작될 수도 있습니다. 트럼프는 민주주의자라 부를 수 없고, 권위주의적 포퓰리스트에 가깝습니다.

대한민국의 자존을 지키면서 미국과의 원만한 협력적 관계를 손상시키지 않는 것은 결코 쉽지 않을 것입니다. 미국과의 관계에서 우리는 멀리 보고 현명하게 미국을 다루어야 합니다. 미국에 맹종하는 사대주의, 미국을 외면하는 배타주의 모두 우리에게는 치명적 위험이 될 수 있습니다. 유대인들이 미국을 잘 다루듯, 우리도 체계적이고 영리한 실용적 외교 감각으로 자존감을 지키며 미국을 대해야 합니다.

2025. 1. 24.

설 명절,
중요한 것은 언제나 민생입니다

설 명절이 시작되었습니다. 12·3 내란을 막지 못했더라면 이런 명절의 기쁨도 없었을 것입니다. 국민의힘은 12·3 내란 이후 국민께 제대로 된 사과와 반성조차 없이 여전히 윤석열 지키기에 앞장서면서 서울역 귀성 인사에 나섰습니다. 부끄러울 법도 한데 부끄럽지 않았나 봅니다. 민주당은 이재명 당시 대표가 민주당의 지지도 하락에 대한 원인 분석을 주문했다고 합니다. 사실, 이 당시 여론조사 결과는 매우 당혹스러웠습니다. 국민의힘과 윤석열에 대한 지지도가 비정상적으로 치솟았기 때문입니다. 여론조사 자체의 문제도 있을 것이나, 그만큼 우리 사회의 진영논리가 뿌리 깊다는 방증이기도 했습니다.

설 명절을 맞이하여 지역 시장을 다니며 의견을 들었

습니다. 저로 인해 울산경찰청이 긴장했을 정도로, 저에 대한 배신감과 적대 의식을 가진 분들이 많았기에 가급적 안전에 유의하며 조심스럽게 다녔습니다. 저에 대해 중립적인 견해를 가진 분은 드물었고, 극단의 비난과 응원으로 여론이 나뉜 것 같았습니다. 하지만 조금 더 깊이 말씀을 나눠보면 정치 자체보다는 '먹고사는 문제'에 대한 우려와 바람이 가장 컸습니다. 12·3 내란과 그 이후 이어진 정치의 혼탁함과 혼란으로 서민 경제가 무너지고, 시민들이 겪는 어려움이 너무나 컸습니다. 기업들도 신용 하락 등으로 무역에 어려움을 겪고, 불확실성으로 수지가 악화되고 있었습니다. 12·3 내란의 여파는 그대로 시민들에게 고통으로 각인되고 있었습니다.

정치가 존재하는 이유는 국민을 더 편하게, 더 부유하게, 더 공정하게, 더 정답고 안전하게 살 수 있는 공동체를 만들고, 치자와 피치자의 동일성을 지켜 인간 존엄을 구현하기 위함입니다. 그렇다면 당연하게도 정치의 관심은 늘 국민의 민생에 머물러야 합니다. 아무리 큰 사변이 있더라도 '민생'은 늘 눈뜨고 있는 상수여야 합니다.

설 명절을 맞이하여 이재명 당시 더불어민주당 대표님이 "이념이 밥 먹여주지 않는다"라며 경제 안정과 실용주의의 중요성을 강조했는데, 제 마음이 꼭 그랬습니다.

2025.1.24. 시장 방문

2025.1.26.

윤석열 구속기소

검찰이 윤석열을 구속기소했습니다. 특검에서 기소할 수 있기를 간절히 바랐는데, 더불어민주당의 주도로 통과한 특검법을 최상목이 거부권 행사하면서 특검법의 적시 시행이 좌절되었고, 심우정 검찰총장이 지휘하는 검찰에서 윤석열을 기소하는 염려스러운 상황에 이르렀습니다.

12·3 내란은 전국민이 피해자입니다. 12·3 내란으로 국민의 정치적 기본권이 침탈당했고, 사회적·경제적 피해를 모두가 함께 짊어져야 했습니다. 국민 모두에게 저지른 이 큰 잘못을 정당한 법의 심판을 받도록 하는 과정이 내란 수사와 재판입니다. 그렇기에 대한민국 모든 국민이 내란 사건의 피해자로서 당사자입니다. 특검법이 시행되기 전까지는, 불

안하지만 검찰이 제 기능을 다하도록 하게 할 수밖에 없습니다. 그리고 이를 위한 가장 주요한 방법은 국민들의 깨어 있는 관심과 여론입니다.

2025.1.27.

민심의 동요와 공인의 역할

국민의힘이 윤석열 옹호·탄핵 반대 입장을 견지하고 있음에도 높은 지지율을 유지하고 있다는 여론조사가 계속되었습니다. 월요일 새벽, 서울 가는 경부선 기차에서 몇몇 시민분들이 저를 알아보시고 의견을 주셨습니다. "옳은 길 꿋꿋이 가고 있으니 응원한다"는 분도 계셨지만, "민심을 읽지 못하고 왜 배신자의 길에서 허우적거리느냐, 여론조사 못 봤느냐. 지금이라도 당에 잘못했다고 하고 앞장서 윤석열을 지키라"는 분도 다수 계셨습니다.

여론과 이해(利害)는 중요하지만, 이것만으로 옳고 그름을 결정지을 수는 없습니다. 특히, 거짓 선동과 진영논리로 여론이 혼탁해졌을 때는 더욱 중심을 잘 잡아야 합니다. 정치인과 언론인 등 공적 영향력이 있는 사람들이 여론과 이해(利害)에 따라 갈대처럼 휘둘린다면 그 결과로 여론이 더욱 혼란스러워지는 악순환에 놓입니다. 따라서 여론이 혼란스러울 때 공적 영향력이 있는 사람들은 더욱 분명한 판단 기준과 객관적 사실을 바탕으로 정확한 의견을 제시해야 합니다.

정치 보도를 담당하는 기자들과 차를 나누며, 거짓과 혐오에 바탕한 진영논리로 국민들이 혼란스러워하고 여론의 방향성도 어렵다는 점을 공감했습니다. 국가의 혼란을 극복하기 위해서는 국민들이 객관적 사실과 분명한 판단 기준으로 정확한 판단을 내릴 수 있도록 돕는 것이 필요하고, 언론의 역할이 어느 때보다 중요하다는 점을 강조했습니다. 단순히 양쪽 이야기를 절반씩 검증없이 전달하는 것이 아니라, 헌정 질서와 민주주의를 수호하고 국민을 위하며 원칙을 지킨다는 방향성을 가지고 보도해주기를 희망했습니다. 당시 일부 정치인들이 정확한 의견 제시를 하지 않고 비겁한 이전투구에 빠져 국민을 혼란스럽게 하고 있었기에, 언론인들이라도 보루처럼 역할해주기를 바랐습니다.

2025.1.28.

새로운 세상, 9부 능선

비상계엄을 해제하고 탄핵을 가결시켰지만, 아직 헌법재판소의 탄핵 결정이 나오지 않은 상태였고, 윤석열이 임명한 윤석열의 사람들이 정부를 운영하고 있었습니다. 거짓 선동과 진영정치로 인한 사회 혼란은 극에 달해 국가 시스템과 제도에 대한 신뢰가 뿌리째 흔들리고 있었고, 잘못을 뉘우치지 않고 오히려 뻔뻔한 내란세력의 행태에 상식은 무너져가고 있었습니다.

이 어두운 시기에 맞이한 설 명절. 이재명 당시 더불어민주당 대표가 "대한민국 민주주의는 가장 힘겹지만 새로운 세상을 목도할 9부 능선을 지나고 있다"고 발언했습니다. 많은 국민들에게 내란으로 촉발된 혼란이 수습단계에 있고,

당장은 이전투구 같은 모습이지만 곧 사필귀정(事必歸正)으로 세상일이 정리될 것임을 알렸습니다.

소속 당은 서로 달랐지만, 윤석열을 파면시키고 대한민국의 국체와 민주주의를 지켜야 한다는 데 완벽히 같은 마음이었기에 이재명 당시 대표님의 '새로운 세상, 9부 능선'이라는 말이, 국민의힘에서 고립된 투쟁을 하며 지친 제게 신선한 공기처럼 힘을 주었습니다.

2025.1.29.

중국의 딥시크 열풍

미국의 견제에도 불구하고 중국의 AI 열풍이 거셉니다. 중국 항저우를 중심으로 혁신적 AI 기업들이 놀라운 성과를 내고 있고, '딥시크'라는 AI 모델을 내놓아 세계를 놀라게 했습니다. 우리나라는 공부를 잘하면 의대 가는 것이 정석처럼 되었는데, 중국은 영재를 발굴하고 집중 육성하여 공대로 진학시켜 AI와 로보틱스·광통신 등 분야 전문가로 육성한다고 합니다. 가장 우수한 두뇌가 공대로 가는 나라와 의대로 가는 나라의 운명은 어떻게 변화할까요?

중국 지인들에게 들으니, 중국의 의대는 우수 자원 중 상당수가 다시 의료 AI 분야로 지원한다고 합니다. AI와 로보틱스가 발전하면 10년 내에 진단과 시술을 사람 손을 거칠 필요 없을 정도로 진화할 수 있기에, 10년, 20년 뒤를 본다면 개인이 의료 기술을 터득하기보다 AI와 로보틱스로 구현하는 일에 매진하는 것이 현명하다고 판단하기 때문입니다. 대한민국은 극단의 사회 갈등과 탄핵 후폭풍으로 미래 발전 기획을 준비하지 못하고 있는데, 중국이 AI 분야에서 성과를 보이니 조급한 마음입니다.

우리나라는 탄핵으로 경황이 없었지만, 세상은 딥시크를 주목하고 있었습니다. 이재명 당시 대표님이 말한 '새로운 세상 9부 능선'이 대비되어 더 신선하게 다가왔습니다. 30년 뒤 AI가 극도로 발전한 세상을 상상해봤습니다. 국민께서 국회보다 AI가 더 빠르고 정확하고 안정적이라며 AI에 전권을 맡기겠다고 할 수도 있겠다는 생각을 해봤습니다. 시간의 선후 문제일 뿐, 인간의 모든 노동, 심지어 연구와 의사 결정, 노동까지 AI와 로보틱스가 대체할 것입니다. 단순한 경쟁을 넘어 인간의 존엄과 실존까지 고민하게 하는 부분입니다. 인류 역사상 가장 큰 혁명적 변화의 순간, 우리는 선도력과 통제력을 모두 갖추어야 합니다.

2025. 2. 1.

고독 속에서 지킨 본분
그리고 결심

지역구의 시·구의원들이 항의하기 위해 강성 지지자 몇 분과 함께 지역 사무실로 찾아왔습니다. 그중 한 분은 10년 넘게 함께 모임을 해온 가까운 분이었고, 나머지 분들도 제가 정치를 시작하기 전부터 인연을 이어온 분들이었습니다. 무엇보다 지역위원장 시절 함께 뜻을 모아 일했던 동지들이었습니다.

    저는 차분히 비상계엄의 잘못과 대통령 탄핵의 불가피성을 설명해드리려 했지만, 그분들은 들으려 하지 않았습니다. 오히려 격한 감정으로 제게 모욕과 망신을 주며 고함을 쳤습니다.

    "당장 국회의원직에서 사퇴하라. 우리가 표를 줬는데, 배신했다."

순간 서늘한 정적이 흘렀습니다. 저는 담담히 말했습니다.

"국회의원은 국민 전체를 위해 충성하는 사람입니다. 당선된 순간, 지지한 분들만이 아니라 지지하지 않은 분들까지 함께 책임져야 합니다."

점차 소란은 잦아들었지만, 마음은 착잡했습니다. 오랜 인연들이 등을 돌리고, 함께 걸어온 동지들이 손가락질하는 그 순간, 고독이 밀려왔습니다.

그러나 제 결심에 변함은 없습니다. 힘들고, 모욕적이고, 손해되더라도 국가와 국민을 위한 국회의원으로서의 본분을 다하겠습니다. 알아주는 이가 단 한 명이 없더라도.

2025.2.1. 계엄참사 사과 현수막 욕설
울산남갑 협회장단 및 시·구의원 탈당 기자회견

2025.2.2.

이준석 조기 대선 출마 선언, 권영세·권성동 윤석열 접견

이준석 개혁신당 의원이 마포구 홍대 인근에서 기자회견을 열고 '퍼스트 펭귄'*이 되고자 한다며 사실상 조기 대선 출마를 선언했습니다. 권영세와 권성동은 구치소에 있는 윤석열을 접견하러 갔습니다.

이준석 개혁신당 의원은 윤석열 탄핵에 대해 뜻을 함께하고 있었습니다. 아직 윤석열 파면 결정이 나오지도 않았는데 벌써 퍼스트 펭귄을 이야기하니 조금 당혹스럽긴 했지만, 국민께서 '윤석열 파면이 곧 이루어진다'는 신호를 주는 효

* 펭귄 무리에서 가장 먼저 바다에 뛰어드는 펭귄을 뜻하며, 불확실하고 위험한 상황에서 먼저 도전하는 선구자를 가리키는 관용어입니다.

과가 있는 것 같아 그 점은 좋았습니다. 이준석 개혁신당 의원은 영리합니다. 정치 흐름을 잘 읽고 아이디어도 참신합니다. 여기서 한 가지만 더했으면 하는 바람입니다. '옳고 그름에 대한 기준을 잘 정립하고, 정치를 통해 지향하는 방향성을 정확히 하는 것'입니다. 혐오와 갈등보다 원칙과 통합을 세력 구축의 수단으로 삼으면 더 좋을 것 같습니다.

권성동, 권영세 두 분의 윤석열 구치소 접견에 저는 반대 의견을 분명히 했습니다. 마치 '왕을 알현하러 가는 것' 같은 모습이었기 때문입니다. 윤석열은 국가 반역·내란을 범하여 구치소에 있는데, 명절을 맞이하여 정당의 원내대표·비대위원장이 명절 인사하러 간다는 것은 누구도 납득할 수 없는 일입니다. 내란을 걷어내지 못하는 국민의힘의 현주소를 그대로 보여주는 일이었습니다.

2025.2.4.

윤석열의 비화폰
삭제 지시 의혹

김대경 전(前) 대통령 경호처 지원본부장이 이날 열린 '국회 내란혐의진상규명국정조사특위'에서 "윤석열이 군사령관들의 비화폰 기록 삭제를 지시했다"는 증언을 했습니다. 비화폰은 비밀 휴대전화 또는 기록이 남지 않도록 관리되는 기기들인데, 이 기록 삭제 지시는 명백한 증거 인멸 시도이며 불법 지시입니다.

불법을 감수하더라도 더 큰 불법의 입증을 막기 위해 행동하는 경우가 있습니다. 윤석열은 내란죄 입증을 막기 위해 권한 남용으로 내란죄 입증에 사용될 수 있는 비화폰 증거 인멸을 지시한 것입니다. 만약 불법으로 증거를 모두 인멸해버려 불법에 대한 입증이 현저히 곤란해진다면 어떻게 해야 할까요? 이런 경우 입증 책임을 누구에게, 얼마만큼 부여할 것인지에 대해 발전적 논의가 필요하다고 생각했습니다. 특히 권력자나 상급자 등 소위 '갑(甲)'의 지위에 있는 자의 증거 인멸 시도는 엄벌해야 합니다.

2025. 2. 5.

트럼프는
윤석열을 구하지 않아요

권성동 국민의힘 원내대표가 '대한민국 경제 재도약을 위한 정책 간담회'를 개최했습니다. 일부 보수 지지자들이 트럼프가 윤석열을 위해 나설 것이라는 기대를 품고 관련 여론을 만들며 혼란을 키우고 있었습니다.

국민의힘은 윤석열 내란에 대한 청산을 먼저 해야만 했습니다. 그 전제가 충족되지 않은 상태에서 마치 아무 일 없다는 듯 대한민국 경제 재도약을 위한 정책 간담회를 개최한들 진정성이 전달되지 않았습니다. 12·3 내란이 정리되지 않아 국가 전체에 불확실성이 가득한 상황에서는 경제가 발전할 수가 없습니다. 국체를 뒤흔들고 국민을 향해 총을 겨눈 내란은 그만큼 본질적 위협이었습니다.

트럼프의 언행을 보면 반민주적·권위적 포퓰리스트처

럼 보입니다. 트럼프는 미국이 쌓아온 민주주의 수호 정신과 자유무역 체계를 훼손하고 UN의 역할도 제한하려 합니다. 그의 정책은 공정함과 정의로움을 추구하기보다는 단기적 이익 획득과 힘에 근거한 약탈과 모략이 주를 이룹니다. 원칙 준수와 통합 추구보다 혐오와 갈등을 조장하고 배타적 문화를 만들며 정치적 세력을 강화합니다.

하지만 그런 트럼프이기에 윤석열을 도울 가능성이 없습니다. 윤석열의 반헌법·반민주적 행태는 너무나 분명하여 계산 빠른 트럼프 입장에서는 윤석열을 옹호하는 것은 국내외 정치적 타산을 따질 때 손해되는 행동이기 때문입니다. 조금만 생각해도 알 수 있는 당연한 흐름인데, 국민을 배신한 윤석열을 지키기 위해 국익까지 외면하며 트럼프에 매달리는 일부 극우주의자들의 모습은 이해하기 어려웠습니다.

그럴 가능성이 전혀 없다고 생각하지만, 만약 윤석열 일부 지지자들이 바라는 것처럼 트럼프가 한국에 부당한 정치적 압력을 행사한다면 어떻게 대응해야 할까요? 우리 대한민국은 국가의 존엄과 자주성을 지키기 위해서 어떤 경제적·정치적 피해가 있더라도 분명하게 대항해야 합니다. 우리의 존엄과 자주성을 스스로 지켜낼 의지가 없으면 국가의 존립

기반이 흔들리기 때문입니다. 국체를 지켜간다는 것은 그만큼 큰 가치가 있습니다.

2025. 2. 6.

'언더 73' 결성

보수의 기능을 상실하고, 보수의 가치지향을 잃어버린 채, 헌법을 파괴하려 했음에도 반성이 없는, 살아 있으나 존재의미를 잃어버린, 흡사 '좀비' 같은 국민의힘이 안타까웠습니다. 이런 안타까움을 가진 젊은 보수 청년들이 모여 서로의 답답함을 토로하며 국민의힘의 개혁을 주장했으나, 뜻대로 되지 않고 고립과 핍박이 심해졌습니다.

러시아 데카브리스트의 난이 생각났습니다. 결국 성공하지 못할 것을 알지만, 그래도 올바름과 개혁에 대한 도전을 멈출 수 없었습니다. 2월 6일, 그렇게 국민의힘을 건강한 보수로 되살리기 위해 '언더 73'이 결성되었습니다.

하지만 우린 너무나 약했고 구심점이 없었습니다. 당

내 개혁 구심점을 찾지 못하던 '언더 73'은, 그나마 비상계엄해제에 나섰고 대통령 탄핵의 필요성을 이야기했던 한동훈 전(前) 대표에게 희망을 걸었습니다. '언더 73' 구성원 중 유일한 원내 의원이었던 저는, '언더 73'이 잘되게 하기 위해 밖으로는 방패가 되고 안으로는 촛불이 되겠다고 다짐했습니다.

2025.2.6. 언더 73 결성 기자회견

2025. 2. 7.

김영삼도서관에서 열린
'언더 73' 첫 세미나

우리는 '언더 73'의 첫 공식 행보로 김영삼도서관을 찾았습니다. 이날 행사에 김예지·한지아·진종오 의원이 함께하며 힘을 보태주었고, 제가 신뢰하는 박상수·류제화 위원장도 함께했습니다.

우리는 김영삼도서관 방문에 특별한 의미를 부여했습니다. 김영삼 전(前) 대통령의 아들 김현철 재단 이사장이 "국민의힘이 반민주의 길을 걷는다면 당에 걸려 있는 김영삼 전 대통령의 초상화를 가져오겠다"는 취지의 발언을 할 정도로, 민주정당의 길을 벗어난 국민의힘의 행태에 분노하고 있었습니다. 김영삼 전 대통령이 보수당을 변화시켰던 역사적 상징성이 컸기에, 우리의 첫 행보를 상징적으로 표현할 수 있다고 믿었습니다.

돌이켜보면, 전두환·노태우 군사독재를 뒷받침하던 정당에 불과했던 국민의힘의 전신이 민주정당으로 거듭날 수 있었던 것은 김영삼 전 대통령 덕분이었습니다. 그는 3당 합당으로 대통령이 된 후 금융실명제 개혁과 하나회 척결을 단행하며 군부가 다시 정권을 잡을 수 있는 힘을 없앴고, 전두환·노태우를 내란죄로 처벌했습니다. 이후 민주화운동을 했던 민주투사들을 적극적으로 보수당에 영입하고, 독재 시절 활약했던 수구·독재 지향 인사들을 축출함으로써 민주보수의 가치를 세웠습니다. 물론 이후 부패와 경제정책 실패로 IMF 위기를 불러오고 국민께 큰 고통을 드린 잘못은 분명합니다. 그럼에도 불구하고 전두환·노태우 내란죄 처단, 하나회 청산, 금융실명제 개혁, 민주화 세력의 영입과 육성은 분명한 업적입니다. 우리는 김영삼 전 대통령의 정신으로 돌아가 국민의힘을 바로 세우자는 결의를 공식화했습니다.

이날 이후 저는 박상수·류제화 위원장과 소통하며 "할 수 있다, 해야만 한다"는 개혁 의지를 새겼습니다. 그러나 아이러니하게도 우리의 이러한 노력은, 기대를 걸었던 한동훈 전 대표로 인해 좌절되었습니다. 훗날 제가 '광주민주화묘지'를 방문해 헌화를 강행하자, 한동훈 전 대표 측은 저를 고립시켰고, 그의 영향력 아래 있던 '언더 73'에서도 안타까운 축출을 감내할 수밖에 없었습니다.

'언더 73'을 나올 때, 함께하던 젊은 개혁 보수 청년 동지들이 어쩔 수 없는 안타까움에 괴로워했습니다. 저는 그 친구들을 보호하기 위해서라도 혼자됨을 받아들여야 했습니다. 이후 '언더 73'은 점차 힘을 잃어갔고, 국민의힘 내 젊은 청년 개혁 보수의 불빛도 함께 희미해져 갔습니다.

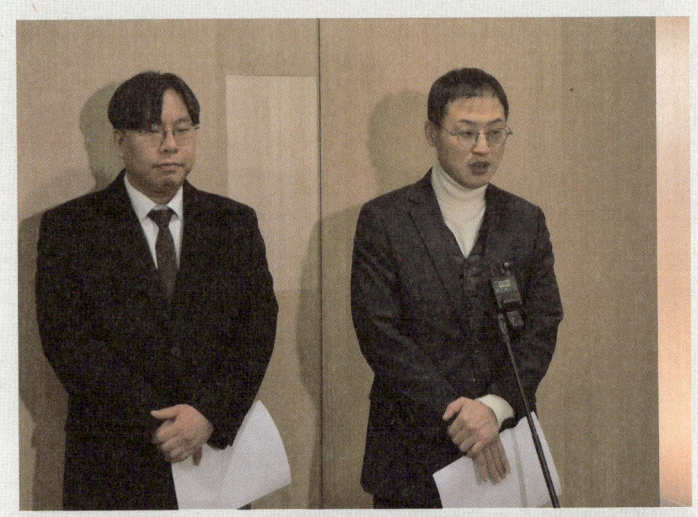

2025.2.7. '언더 73' 김영삼도서관 방문

2025.2.8.

탄핵 찬반 집회와 헌법재판소

설 명절이 지나고, 헌법재판소의 윤석열에 대한 탄핵재판이 계속되었습니다. 탄핵재판에서 12월 3일 윤석열의 비상식적 판단과 잘못, 반성하지 않는 태도, 부하들에게 책임을 떠넘기는 무책임한 모습이 고스란히 공개되었습니다.

윤석열 탄핵으로 해외에 대한민국을 대표하는 위치에 있던 우원식 국회의장님이 중국을 방문하여 시진핑 국가주석과 면담함으로써 주변국의 염려를 줄였고, 서울 종로 경복궁역 일대에서는 윤석열 즉각 퇴진을 위한 범시민 대행진 집회가 열렸습니다. 강추위 속에서도 많은 시민들이 함께했습니다.

동대구역 광장에서는 '세이브코리아'가 주최한 '국가비상기도회'가 대규모로 열렸습니다. 근거 없는 혐오와 음모로 거짓 선동을 할 뿐 헌정 질서를 지켜야 한다는 진정한 애국은 보이지 않았습니다. 서울 경복궁역 일대에서는 탄핵 촉구 집회가 열렸습니다. 본격적인 탄핵 심판을 앞두고 국론은 뜨겁게 달구어졌고, 정치인들은 여야를 막론하고 거리로 나섰습니다.

트럼프 집권과 맞물려 관세협상이 큰 염려로 부각되고 있었고, 12·3 이후 무너진 민생·서민경제의 파급이 국민을 아프게 괴롭히고 있었습니다. 기업들은 불확실성에 신음했습니다. 그러나 정치는 헌법재판소와 탄핵 찬반 집회에 함몰되어 길을 잃어가고 있었습니다.

헌법재판소가 서둘러 탄핵 결정을 내려 이 혼란을 수습해야 했습니다. 국가가 극단의 정치적 위기에 봉착할 때, 폭력이 아닌 제도의 힘으로 위기를 극복하는 최후의 보루가 국회와 헌법재판소이기에, 헌법재판관의 사회적 책임과 무게는 막중합니다. 헌법재판관은 법관의 자격을 갖춘 자로 선발되고 정치적 중립을 지키며, 임기 6년 동안 독립된 지위에서 양심에 따라 심판해야 합니다. 재판관 정원은 9인이며, 3명은 국회에서, 3명은 대법원장이 지명하고, 3명은 대통령이 직접 지명합니다. 2025년 윤석열 탄핵재판 당시에는 8인의 재판관이 있었습니다.

헌법재판소의 독립성과 중립성, 그리고 전문성은 매우 중요합니다. 삼권분립이라고 하지만, 헌법재판관의 실질적 임명 주체를 살펴보면 대통령의 권한은 절대적입니다. 직접 임명 3인, 국회 몫 중 여당 몫 최소 1인 이상, 대법원장 임명에도 대통령의 영향력이 있음을 감안한다면 최소 1인 이상, 적게 잡아도 5인 이상의 헌법재판관이 직·간접적으로 대통령의 영향력 아래 임명된다고 볼 수밖에 없습니다. 9인의 재판관 중 절반이 넘게 되므로 사실상 헌법재판관 구성이 권력의 영향을 받을 수밖에 없습니다.

　가정이지만, 만약 윤석열이 헌법재판소 구성을 자신에게 압도적으로 유리한 형태로 바꾼 후 2025년 4월경 비상계엄을 선포했더라면, 헌법재판소는 윤석열 탄핵 결정을 내릴 수 있었을까요? 헌법재판소가 대통령의 권력으로부터 더 독립적인 지위를 가질 수 있도록, 나아가 헌법재판관의 결원이 발생해도 권력에 대한 헌법적 판단에 하자가 생기지 않도록, 우리의 제도적 고민이 더 필요합니다.

2025.2.9.

국민의힘 비대위원장과 중진의원 회동

국민의힘 권영세 비대위원장이 당내 중진 의원들과 현안 관련 회동을 가졌습니다. 국민의힘을 당내에서는 '중진의힘'이라 부르기도 했습니다. 그만큼 중진들의 의사가 중요하게 반영된다는 의미입니다.

경험은 중요합니다. 오직 경험을 통해서만 얻을 수 있는 지혜와 식견이 있고, 그 귀중함을 알지 못하면 잘못을 반복하게 되기에 독서와 타인의 경험담을 통해서라도 경험을 보충해야 하는 이유이기도 합니다. 국회에서 '중진'의 의견이 중요한 까닭도 경험에 대한 존중이라 생각합니다.

경험에 대한 존중이 빛을 얻으려면 경험자가 겸손해야 하고, 욕심을 내려놓아야 합니다. 겸손할 때 경험자의 아집과 편협된 시각의 잘못에서 벗어날 수 있고, 욕심을 내려놓아야 판단을 왜곡하지 않을 수 있습니다. 경험에 대한 존중이 무게를 가지려면 경험자는 옳음을 추구해야 합니다. 옳음을 추구하지 않고 눈앞의 이해만 보고 있거나, 공동체 전체의 방향성을 고민하지 못한다면 경험이 무게를 갖지 못합니다.

아쉽게도 2025년 2월 9일 있었던 국민의힘 중진 회의는 겸손함을 지키고 사리사욕을 멀리하며, 옳은 일을 추구하는 것에 실패했습니다. 국민의힘은 중진회의 이후 더욱 보수의 방향성에서 탈선하여 극단으로 치우쳐 갔습니다.

2025. 2. 10.

탄핵 반대 극우세력의 정서적·정치적 고립

국회 본회의 교섭단체 대표연설 첫날입니다. 이재명 당시 더불어민주당 대표는 "군의 정치 개입은 절대 있어서는 안 된다"고 강조했습니다. '군의 정치 개입'을 염려해야 하는 2025년의 대한민국이 참담했습니다.

국민의힘은 대구 등지에서 열린 극우 집회를 두고 '극우'라 매도하지 말라며, 순수한 민심의 표출이라고 주장했습니다. 일부 강성 교회의 조직적 동원, 강경 보수 유튜버의 선동으로 모인 강성 지지자들이 헌법을 파괴한 윤석열을 옹호하며, 법원·수사기관·선관위가 모두 인정하지 않은 부정선거론에 매달려 있는 집회를 국민의힘이 계속해서 옹호하는 모습이 안쓰럽기까지 했습니다.

시간이 지날수록 탄핵 반대 극우집회 참가자들이 뚜렷하게 특징지어졌습니다. 정치권력과 야합하여 이익을 얻으려는 사이비 종교집단, 개인의 독립적 인격을 존중하지 않고 세상을 이분법적으로 바라보는 일부 과격 종교집단, 정치권력과 야합하여 이익을 얻으려는 여러 기회주의자들, 자극적 소재로 사람들을 선동하여 경제적 이익을 추구하는 극우 유튜버들, 무턱대고 박정희와 전두환을 외치는 독재 세뇌의 희생자들, 재미삼아 놀이삼아 친구 찾아 집회를 찾는 무책임한 사람들. 탄핵 반대 극우집회에서는 눈을 씻고 찾아봐도 민주주의를 열망하는 책임 있는 주권자 시민들의 모습은 없었습니다.

시간이 지날수록 국민들은 더욱 뚜렷이 판단하고 냉정하게 사태를 바라보고 있었습니다. 절대다수의 주권자 시민들은 윤석열의 잘못을 정확하게 판단했고, 지금의 혼란을 극복하기 위해서라도 사회 안정을 지켜내고, 사회적 본분을 다해야 함을 자각하고 있었습니다. 차분하고 냉정하게 본업에 집중함으로써 국가의 건강함을 지켜갔습니다. 탄핵 반대 극우세력은 절대다수 국민들로부터 정서적·정치적으로 구별되며 힘을 잃어갔습니다.

2025. 2. 13.

이산가족 면회소 철거와
한반도 평화를 위한 제언

윤석열은 한반도 긴장을 비상계엄의 이유로 삼아 독재권력을 만들려 했습니다. 전두환이 했던 것과 같은 방식의 전형적·적대적 공생이며 민족의 비극을 개인의 욕망에 악용한 예입니다. 2025년 2월 13일, 윤석열의 반평화적 행위로 남북관계가 악화된 결과 금강산 이산가족 면회소가 철거되었습니다.

남북 화해의 상징이자 분단의 상처를 조금이나마 어루만지던 마지막 공간이 무너진 것입니다. 이산가족의 눈물 위에 세워졌던 면회소가 철거된 자리에서, 우리는 다시 묻습니다. 분단을 지속하는 것이 누구에게 이익이며, 남북의 적대와 단절이 과연 이 땅의 평화를 지키는 길인가.

'통일의 꿈'보다 더 시급한 것은 '평화의 지속'이었고, 남북이 적대로만 공생하는 구조를 끊어내지 못한다면 통일의 이상은 영원히 도달할 수 없는 허상이 될 것입니다. 그 절실함 속에서, 저는 '평화적 2국가론'을 생각했습니다. 북한을 국가로 인정하지 않고 불법 점유단체로 정의내리는 것은 이미 현실과 맞지 않습니다. 나아가 상대를 대화 상대로 인정하지 않기에 서로를 소멸시켜야 할 대상으로 전락시켜 상호 투쟁과 적대만 가져옵니다. 현실을 인정하여 상대의 존재를 있는 그대로 받아들이고 이를 바탕으로 서로 대화하고 교류를 시작한다면 신뢰와 평화가 자라날 수 있을 것입니다. 이것은 상식의 이야기입니다.

남북 간의 적대와 혐오, 갈등은 단지 체제의 문제가 아니었습니다. 누군가에 의해 의도적으로 만들어지고, 또 유지되어 온 정치적 구조였습니다. 일부 세력은 남북 대립을 정치적 도구로 활용했습니다. 평화를 두려워했고, 통일을 불편해했습니다. 분단을 자신들의 기득권과 권력을 지키는 수단으로 삼았습니다.

윤석열의 북한적대정책과 12월 3일 쿠데타 시도는 그 적대적 공생의 가장 극단적 형태였습니다. 북한을 향한 극단적 적대는 외형상 '안보'를 명분으로 내세웠지만, 실상은 내부

통제와 권력 유지를 위한 수단이었습니다. 적을 만들어 내부를 결집시키고, 국민을 이념으로 갈라놓는 방식이었습니다. 그러나 그 결과는 단 하나였습니다. 남북 모두에게 상처만 남기고, 대한민국의 민주주의를 훼손하는 일이었습니다.

이제 상식으로 돌아가야 합니다. 남북은 적이 아니라, 같은 민족입니다. 현실을 인정하고, 서로의 존재를 부정하지 않는 것에서부터 평화는 시작됩니다.

1969년 서독의 브란트 총리는 '1민족 2국가론'을 제시했습니다. 그는 통일을 당장의 목표로 삼지 않았습니다. 오히려 서로를 인정하고 교류를 확대하는 과정 속에서 통일의 길을 열어가야 한다고 했습니다. 반면, 동독의 호네커는 '2민족 2국가론'을 주장하며, 별개의 민족임을 내세우고 재통일의 꿈을 포기했습니다.

브란트의 길은 결국 옳았습니다. 서독은 동독과의 '기본 조약'을 통해 국제법상 국가로서의 동독을 인정하되, 동시에 독일 민족의 단일성과 통일의무를 헌법적으로 유지했습니다. 독일연방헌법재판소 또한 이를 합헌이라 판단했습니다. 그렇게 상호인정과 교류, 현실을 직시한 실용적 이상주의가 독일 통일의 기반이 되었습니다.

남북이 서로를 인정하지 않으면, 남북 대립은 영원히

끝나지 않습니다. 오히려 북한이 원하는 '분리의 고착화'로 귀결될 것입니다. 서로에 대한 이해와 존중은 관계의 시작입니다.

2025.2.14.

국민의힘 울산시당위원장 사퇴

국민의힘 당헌에 맞게 당을 바로 세우고 싶었고, 부당한 압력에 굴하지 않으려 했습니다. 그래서 국민의힘 울산시당위원장 사퇴 압력에도 불구하고 역할을 지키려 했습니다. 하지만 지역 운영위원의 절대다수가 윤석열 탄핵에 앞장서는 저를 '배신자'로 낙인찍고 사퇴를 요구하고 있는 상황에서 계속 버틸 수가 없었고, 결국 물러남을 선택했습니다.

울산에 사회적·경제적·정치적·정서적 기반을 둔 저였기에, 울산시당위원장에서 사퇴하는 일은 마음 무겁고 어려운 결정이었습니다. 하지만 저는 국민의힘 소속 국회의원이기 전에 대한민국의 국회의원이기에, 어떤 비난이 있더라도 헌정질서를 회복하기 위한 윤석열 탄핵에 나서야 했습니다. 그

댓가가 무엇이든 피할 수 없고 제가 감당해야 할 몫이었습니다. 저의 소신에 따른 값은 무엇이든 달게 받겠다는 마음으로 국민의힘 울산시당위원장 직에서 내려왔습니다.

2025.2.14. 울산시당위원장 사퇴 기자회견

울산시당위원장을 사퇴 — 명예로운 불복종

2025.2.14.

저는 오늘 울산 시당위원장직을 사퇴합니다. 울산 지역 6개 당협의 실질적 추대로 시당위원장이 되었으나, 더 이상 추대의 실질을 유지할 수 없기에, 사퇴하는 것이 민주적이라는 판단을 내렸습니다. 그동안 시당위원장직을 수행하는 데 도움을 주신 분들과 당원들에게 깊은 감사의 마음 올립니다. 비록 울산시당위원장을 사퇴하지만, 품격 있는 참 민주 보수의 가치를 추구하고 실행해가는 용기와 소신 그리고 행동은 더욱 굳건히 할 것임을 다짐합니다.

6개 당협의 실질적 추대가 철회된 것은, 제가 비상계엄 해제와 대통령 탄핵에 적극 나섰기 때문입니다. 그러나 저는 비상계엄해제와 대통령 탄핵에 앞장선 것을 후회하지 않습니다. 국회의원은 헌정 질서를 수호할 것을 선서하였고, 헌법상 헌정 질서 수호 의무가 있습니다. 그렇기에, 헌정 질서를 무너뜨리는 비상계엄을 해제하고 헌정 질서를 무너뜨리려는 대통령을 탄핵하는 것은 국회의원이라면 정당을 떠나 행동해야만 하는 최소한의 당위이자 자격입니다. 제 인생에서 가장 자랑스러운 결정이며 미래 세대에 부끄럽지 않은 결정이었습니다. 옳음을 추구함에 값을 치러야 한다면 달게 받을 것입니다.

2024년 12월 3일, 비상계엄을 막으러 국회로 달려갈 때 제 바람은 오직 하나였습니다. 제가 다치더라도 비상계엄을 해제할 수 있게, 그래서 국민이 다치지 않게 해달라는 것이었습니다. 만약, 그날 비상계엄이 해제되지 않았더라면 다음 날 수백만 명의 항의 시위가 이어졌을 것이고, 계엄군은 이를 유혈진압했을 것이며, 대한민국은 독재의 어두운 터널로 들어설 수밖에 없었을 것입니다.

2024년 12월 14일, 대통령 탄핵 가결 당시 저는 간절히 기도했습니다. 극단에 몰린 대통령과 군인들이 전쟁을 일으키지 않게, 제2의 비상계엄이 내려지지 않게, 폭주 기관차를 반드시 멈추게 해주기를 기도했습니다. 만약, 그날 대통령 탄핵이 가결되지 않았다면 대한민국은 극단에 몰린 자들이 벌인 참혹한 사태에 어떤 모습일지 상상하기도 어렵습니다.

비상계엄해제와 대통령 탄핵은 진영의 문제가 아닙니다. 민주주의를 회복하고 국가를 지키며 국민을 지켜내는 것. 비상식과 거짓으로부터 상식과 옳음을 지켜내는 것. 정치하는 사람이라면 당연히 나서야 하는 당위입니다. 저는 대통령 탄핵에 대한 당론을 따르지 않았습니다. 하지만 국가와 국민 그리고 민주주의를 위해 보수주의자에게 부여된 역사적 소명에 충실하려 하였고, 명예로운 불복종의 길을 선택했습니다. 포고령과 무장군인의 해산명령에 굴하지 않고 앞을 막아선 시민들, 또 그 시민들이 다치지 않게 배려하고 부당한 명령에 불복종한 계엄군들, 정치 금지 포고령에도 불구하고 국회로 달려온 선배·동료의원들, 12·3 사태에 정의롭지 않은 잘못된 명령에 따르지 않고 '명예로운 불복종'으로 나라를 구한 많은 분을 떠올립니다. '명예로운 불복종의 용기'가 귀감이 되어야 미래에 다시 있을 수 있는 민주주의 위기를 극복하고 정의로움이 지켜질 수 있습니다. '명예로운 불복종'이야말로 진정으로 국가와 국민에게 충성하는 것임을 다시 한번 생각합니다.

금일 시당위원장직을 사퇴하며, 차기 시당위원장님과 집행부 그리고 당원들게 간곡히 호소합니다. 첫 번째, 공정, 합리, 개방, 포용, 자율과 자유의 보수의 가치를 지켜주십시오. 두 번째, 민주주의와 헌정 질서 법치주의는 보수의 수호가치인 바, 이를 지켜주십시오. 세 번째, 맹목적 진영논리와 사리사욕, 당리당략이 아니라, 옳고 그름을 기준으로 국가와 국민을 위한 정치를 지켜주십시오. 네 번째, 남을 비난하고 잘못되기를 바라며 반사이익만 추구하는 비겁함이 아니라, 우리가 먼저 모범을 보이고 옳은 가치를 추구하고 실천하며 신뢰를 얻어가는 정도 정치를 지켜주십시오. 다섯 번째, 갈등을 유발하고 가상의 적을 만들어 세력을 키우는 나쁜 정치를 지양하고, 사회를 통합하고 서로 존중하고 다름에서 배움을 얻는 품격 있는 정치를 지켜주십시오. 여섯 번째, 정치의 본질인 가치 추구와 정책 실행에 대한 심도 깊은 토론이 있어야 할 정치의 세계에 상대와 경쟁자에 대한 인신공격과 사회적 공격 등 비겁함이 자리하지 않도록 스스로 더 경계하는 품위를 가져주십시오. 일곱 번째, 무엇보다 중요한 것이 국민의 생명과 삶입니다. 이것을 지켜주십시오. 마지막으로, 울산시당이 시의회 사태로 1년간 극단의 분열에 놓여 있었습니다. 안수일 시의원을 복당시키고 법원의 판단을 존중하여 그에 따라 사태를 수습하는 방법으로 울산시당의 단합을 도출해주십시오. 그것이 울산시당이 다시 하나되는 유일한 길이며 법치주의를 존중하는 보수의 모습입니다.

저는 지금의 심각한 사회갈등과 진영 대결, 옳고 그름이 아닌 오직 승패만 존재하는 상황을 바라보며, 정치를 하는 모든 분들에게 늘 새겨야 할 화두를 던지고 싶습니다.

'우리가 정치를 왜 하는가'

정치가 이익집단화되거나 불법을 공유하는 집단이 되

어서는 안 됩니다. 사리사욕과 자리 욕심, 그리고 당리당략과 계파의 이익이 우선되어서도 안 됩니다. 정치의 목적이 정권 획득이라는 말은 틀렸습니다. 정치는 국민을 위하는 데서 시작하고 국민을 위하는 데서 끝나야 합니다. 이익 추구가 아니라 가치 추구와 실행이 되어야 합니다. 다르다고 공격할 것이 아니라 다름에서 배움을 얻으려 노력해야 합니다. 갈등과 적을 규정함으로써 힘을 얻는 것이 아니라 통합과 신뢰 구축으로 힘을 얻어야 합니다. 그런 정치가 되어야 국가와 국민이 바로 설 수 있습니다. 그런 정치가 되어야 우리의 후세에게 민주적이고 강하며 번영하는 대한민국을 물려줄 수 있습니다.

2025. 2. 15.

광주에서 열린
윤석열 탄핵 반대 집회

2025년 2월 15일, 광주 금남로에서 윤석열 탄핵 반대 집회가 열렸습니다. 12월 3일 계엄의 밤, 제게 용기와 판단력, 그리고 실행력을 주며 가슴 깊이 새겨진 이름, '광주'였습니다. 그 대한민국 민주주의의 상징, 금남로에서 윤석열 탄핵에 반대하는 극단주의자들이 집회를 연 것입니다.

금남로는 계엄군이 계엄에 저항한 시민들을 학살한 현장입니다. 그날, 가족을 잃은 유족들에게 모욕을 주는 일까지 있었다는 소식이 전해졌습니다. 국민의힘은 오히려 광주 금남로에 많은 탄핵 반대 극단주의자들이 모인 것을 자랑스럽게 여기는 듯했습니다.

정치권력이 무엇이기에, 이렇게까지 반인륜적이고 잔인할

수 있을까. 견딜 수 없이 모욕적이고, 부끄러웠습니다. 몸서리치는 반인륜에 온몸이 부서지는 듯한 고통이 밀려왔습니다. 너무 화가 나고 참담하니, 몸이 이렇게까지 아플 수 있음을 처음 알았습니다. 민주열사의 가족이 느꼈을 고통은 상상조차 할 수 없었습니다.

우리 공동체는 위기의 순간 용기 있게 대한민국을 위해 헌신한 분들께 큰 빚이 있습니다. 일제 치하 독립투사, 한국전쟁 당시 국군용사, 독재에 저항한 민주열사, 우리는 이 분들에게 진 큰 빚을 절대 잊어서는 안 됩니다. 그 분들의 고귀함을 기리고 희생이 헛되지 않게 해야 할 우리가, 도리어 그분들을 모욕하는 것은 극악무도한 패륜입니다.

김상욱 국회의원 SNS 발췌

광주, 민주주의여

2025.2.15.

12월 3일 그날.

저는 여전히 소시민이었습니다.

건강하게 잘살고 화합하면 다 좋은 줄 알았습니다.

국회의원이 되고 나서도 민주주의는 당연한 것이었고, 관심은 '민생'과 '잘사는 나라'에만 있었습니다.

민주주의는 그렇게 숨 쉬는 공기같이 늘 우리 곁에 있는 줄 알았습니다.

12월 3일 갑자기 숨이 막혀왔습니다.

늘 당연했던 민주주의가 순간 증발했습니다.

숨이 막히고서야 공기의 절실함을 알 듯 민주주의가 훼손되고서야 민주주의의 소중함을 알았습니다.

너무 쉽게 사라질 수 있음을 알았습니다.

소중함을 알고서도 지키지 못하면 어리석음이며 비겁함입니다.

이날 이후, 자나 깨나 '민주주의' 네 글자는 내 가슴과 머리를 떠나지 않았습니다.

그렇게 '민주주의'는 나를 깨웠습니다.

동학혁명, 광주항쟁, 87년 민주화, 이한열 열사, 박종철 열사, 김대중 선생님, 김영삼 선생님…, 잠들었던 역사가 나를 불러세웠습니다.

그렇게 다시 눈뜨고, 그렇게 다시 뛰게 된 내 가슴은 이제 미래를 봅니다.

어떻게 국민이 주인인 나라를 만들 것인가, 어떻게 그 국민의 나라가 번영하게 할 것인가. 나를 깨운 '민주주의'는 내게 현재와 미래에 대한 행동하는 책임을 요구합니다.

2025.2.15. 민주화 성지 광주 금남로를 다시 보며, 내 가슴에 소중한 분노와 각오를 새깁니다.

시민들의 그 피가 헛되게 하지 않으리라.

2025.2.15. 김상욱

2025.2.17.

명태균 공천 의혹,
진영정치를 강화하는 정당 공천의 문제

'김건희 여사와 마지막 텔레그램 통화 48분'

명태균은 김건희 여사와의 통화 내용을 기억해 변호인에게 작성하게 한 녹취록을 위 제목의 입장문으로 공개했습니다. 명태균과 김건희가 공천에 개입했다는 의혹은 끝없이 제기되어 왔습니다.

진영정치로 구조화된 대한민국 정치에서 '정당의 공천'이 가지는 의미를 생각해봅니다. 민주주의란 말 그대로 국민이 주인이고, 선출직의 정당성은 국민이 선출하는 데서 시작됩니다. 그러나 진영정치로 공고화된 정치 체계에서 선출직의 선출은 국민이 아닌 정당, 더 정확히는 정당의 공천관리위원회에서 결정되는 경우가 많습니다. 대구에서 국민의힘 후보가, 광주에서 더불어민주당 후보가 공천만 받으면 당선과 같다는 말. 저는 잘못되었다고 생각합니다.

정당만 보고 표를 행사하면, 선출직에 나서려는 후보들은 국민을 주인으로 알고 봉사하려 하지 않고, 정당을 주인으로 알고 맹종하게 됩니다. 그래서 국민의 이익에 반하고 국민을 해롭게 하는 정당의 행위가 있을 때조차, 그 정당의 지시를 따르고 국민을 배신하게 됩니다. 이름만 민주주의일 뿐, 정당의 지배권을 가진 소수자가 선출직 구성권을 독점하게 되고, 이것이 극명하게 나타난 것이 명태균·김건희의 공천 개입 의혹입니다.

선출직이 진정으로 국민을 주인으로 알고 국민의 이익을 위해 봉사하게 하려면, 정당이 아닌 국민을 두려워하게 해야 합니다. 공직선거법을 개정하여 무소속 정치 신인이라도 유권자에게 자신을 홍보할 수 있는 기회를 제공하고, 정당 소속 기성 정치인이 가지고 있는 선거상 우위를 일부라도 만회할 수 있는 수단을 마련해야 합니다. 무엇보다 정당이 아닌 '인물'과 '능력'을 중심으로 소중한 표를 행사하는 우리의 노력이 함께해야 합니다.

2025. 2. 19.

이재명 대표의 '민주당이 중도보수' 주장, "내가 보수다!"

이재명 당시 더불어민주당 대표는 이날 "민주당이 중도보수의 역할을 맡아야 한다"고 공식 주장했습니다. 선거를 앞두고 펼친 전략일 수 있겠지만, 제게 다가온 의미는 남달랐습니다. 보수와 진보의 개념을 진영이 아닌 '기능'으로 바라보아야 한다고 평소 주장해왔던 저에게, 2025년 보수의 좌표는 어디인가 하는 진지한 물음을 던져주었기 때문입니다.

보수의 기능은 공동체의 합의 가치와 원칙을 지키고, 사회통합과 안정을 추구하며, 진보의 성공한 실험을 새로운 보수의 가치로 받아들이는 품위와 포용을 지켜가는 것입니다. 2025년 대한민국은 87년 헌법 체제를 바탕하고 있으므로, 87년 헌법체제의 선언 가치를 수호하는 것은 보수의 핵심 기능입니다. 생각해보면 87년 헌법체제를 만들었던 것은 1980년 5월 광주항쟁을 바탕으로 한 80년대 민주화 세력이었고, 1987년 10월 항쟁이 기폭제가 되어 87년 헌법체제가 공식화되었습니다.

그렇다면, 80년대 민주세력이 가장 많이 함께하며 그 가치를 지켜가는 곳을 2025년의 보수 기능 수행 세력으로 보아야 할 것입니다. 또한, 보수의 가치인 사회통합과 안정, 진보의 실험이 성공한 가치 수용 등을 어느 세력이 더 관심 있게 실행하고 있는지도 중요합니다.

이런 기준으로 바라본다면, 국민의힘이 아닌 더불어민주당이 더 보수당의 기능에 충실함을 어렵지 않게 판단할 수 있었습니다. 국민의힘에서 제대로 된 보수의 기능 회복에 매진하고 있던 저로서는, 국민의힘이 아니라도 보수의 기능을 실행할 수 있는 대안이 있다는 것이 반갑게 다가왔습니다. 동시에, 국민의힘이 계속 보수의 기능을 상실해 가는 모습에 안타까움과 우려가 커졌습니다.

2025. 2. 22.

가자, 광주로

광주에서 열린 윤석열 탄핵 반대집회 이후, 내면의 괴로움은 더욱 깊어졌습니다. 도저히 견딜 수 없는 부끄러움과 참담함에 잠에 들지 못했고 밥도 가까이하기 어려웠습니다. 저의 양심은 광주로 가야 한다고 소리쳤습니다.

국민의힘 동료 의원들에게 함께 광주에 가자고 권했지만, 호응을 얻지 못했습니다. 그러던 중, 한동훈 전 대표와 각별한 관계에 있던 친한계 의원이 연락해와 광주행을 멈추길 요청했습니다. 같이 가자는 저의 제안에, 그는 도리어 "가지 않기를 강력히 요구하는 뜻"이라 답했습니다. 저는 제 생각과 광주에 가야 하는 이유를 다시 한번 설명하며 이해를 구했습니다. 국민의힘이 보수당으로서 기능하기 위해서라도 꼭 필요한 일임을 강조했습니다. 아울러, 이는 당헌에 반하는 행동이 아님을 설명했습니다. 그러나 곧 "한동훈 전 대표의 강한 뜻이니, 이를 거스르면 더 이상 친한계와 함께 할 수 없다"는 통보를 받았습니다. 정치적 계산으로 옳고 그름을 뒤로 미루는 태도에 깊은 실망을 느꼈습니다.

이제 국민의힘 안에서 완전히 고립되는 현실을 받아들여야 했습니다. 사람인지라 두렵고 막막했지만, 그래도 가야만 했습니다. 옳은 일이고, 시급한 일이며, 중요한 일이었기 때문입니다. 이 부끄러움과 참담함을 안고 살아갈 수는 없었습니다. 그렇게 저는, 국민의힘 안에서의 완전한 '혼자'를 의미하는 광주행을 선택했습니다.

2025. 2. 24.

광주민주화묘역을 찾으며,
"고맙습니다. 잊지 않겠습니다"

광주에서 무엇을 하고 누구를 만나야 할지 꼼꼼하게 계획을 세우고 향했던 것은 아닙니다. 광주에 가서 사과드리고 싶었습니다. 민주화묘지와 금남로에서 민주선열들에게 마음을 고하고 다짐드리고 싶었습니다.

이른 아침 울산에서 뜻을 함께하는 분들과 함께 차량으로 광주로 향했습니다. 광주 현지에서 도움주시는 광주 시민들과 법안을 통과시키며 신뢰를 쌓은 소방공무원 노동조합분들, 그리고 울산에서부터 먼 길을 마다 않고 함께해준 울산 시민들이 함께 모여 모든 묘역에 한 송이씩 국화꽃을 헌화했습니다.

국화꽃을 헌화하며 묘비에 새겨진 소중한 1980년 5월 그날, 광주 시민들의 사진을 보았습니다. 표현하기 어려운 큰 슬픔과 아픔이 가슴에 새겨졌습니다. 저는 광주에서 나고 자라지 않았습니다. 어릴 적 어른들 선입견에 '광주는 무서운 도시'로 막연히 생각하기도 했습니다. 성인이 되어 사회생활을 하면서도 광주는 여전히 낯선 도시였습니다. 그런데 12·3 비상계엄 소식을 들었을 때, 내 머리와 가슴에 가장 먼저 떠오른 단어는 '광주'였습니다. 그리고 '광주'는 나의 뜨거운 가슴과 하나가 되었습니다. 왜 그랬을까요. 알 수 없는 일입니다.

12·3 계엄의 밤, '광주'의 희생이 떠오르며, '내가 죽더라도 이 계엄을 막아야만 한다. 시민을 구해야 한다' 그런 결기가 생겼습니다. 1980년 5월 광주 시민의 염원이 시공(時空)을 거슬러 가슴으로 전달되었습니다.

    그날 이후 '광주'는 제게 특별한 의미가 되었습니다. 늘 가슴 한켠에 민주주의를 위한 '광주의 희생' 그리고 '공동체 민주주의'를 향한 광주와 고 김대중 대통령님의 염원이 함께했습니다.

그랬기에, 광주 도심 한복판, 그것도 계엄군의 학살이 있었던 금남로에서 탄핵 반대 집회를 여는 것을 용납할 수 없었습니다. 금남로에서 계엄군을 엄호하는 집회를 개최한 것은 이론의 여지 없이 반인륜적이고 잔인하고 혐오스러운 일이었습니다. 가만히 있을 수가 없었습니다. 부끄럽고 피가 끓고 송구했습니다. 광주에 직접 가서 광주시민들께 1980년 5월의 위대한 민주주의 영령들께 고개 숙여 사죄드리고 민주주의를 반드시 지켜내겠다고 다짐하고 싶었습니다. 보수주의자로서 또 계엄에 책임 있는 국민의힘 국회의원이기에 더더욱 그래야만 했습니다.

헌화하며 제 마음에 한 가지 새로운 다짐을 새겼습니다. 만약, 다시 한 번 계엄으로 민주주의가 무너지는 날이 온다면, 탄핵이 기각되어 윤석열의 독재의 길이 열린다면, 그때는 '내가 죽으리라.' 내가 죽어서 1980년 5월과 같은 시민과 학생의 죽음을 막으리라.

그렇게 광주는 제가 두 번에 걸쳐 죽을 각오로 민주주의를 지키겠다는 결기를 주었습니다. 민주화묘역에 계신 선배들께서 저를 포근히 감싸 안아주시며 격려해주시는 것처럼 느껴졌습니다. 제가 이곳 광주 민주묘지에서 선배들의 뜻을 배우고 새기며 잊지 않겠다고 다짐했습니다. 한강 작가의 말처럼 어제의 광주가 오늘의 대한민국을 살렸습니다.

'광주민주화묘지'를 관리하시는 김범태 소장님, 그리고 5·18 유족회 이명자 어머님과 여러 유족 어머님들, 5·18 민주유공자회와 5·18 부상자회·5·18 민주화운동공로자회에서 각별한 정으로 맞아주셨습니다. 생면부지 경상도 사투리가 강한 저였음에도 5월의 선배님들과 어머니들은 저를 아들로 안아주셨습니다. 저의 마음이 5월 광주 선배님들의 마음과 같았기 때문일 것입니다.

2025.2.24. 광주 국립5·18민주묘지 참배

2025.2.25.

세계 민주 붕괴 속 대한의 민주 기적,
"우리는 한다니까"

헌법재판소 앞은 탄핵 찬반 집회가 엇갈리며 극도의 혼란이 빚어지고 있었습니다. 2025년 2월, 대한민국 민주주의는 시민의 힘으로 잘못을 바로잡는 주권자의 힘을 보여주며 자랑스러운 경험을 축적하고 있었습니다.

그러나 세계로 눈을 돌려보면, 진리라 믿어왔던 민주주의가 2024년 이후 급속히 무너지고 있습니다. 현대 민주주의의 종주국인 미국은 트럼프 집권 2기를 맞이하며 전형적인 권위주의 포퓰리즘 국가가 되었습니다. 포용, 개방, 존중, 자유, 삼권분립, 법치 중시, 동맹 중시 등의 모습을 버리고, 혐오, 갈등, 배척, 수탈, 법치 파괴, 삼권분립 파괴, 이익 중심의 약탈자로 변해버린 것입니다.

프랑스, 이탈리아, 독일 등 유럽의 주요 국가들도 급속히 극우화되고, 극우 정당이 자연스러운 듯 수권 정당이 유력한 정당 후보로 거론됩니다. 영국은 고령화에 따른 극도의 보수화로 브렉시트라는 비상식적 결정을 내렸고, 러시아와 우크라이나의 권위주의 독재 정부는 서로 충돌하였습니다. 중국은 시진핑이 집권하며 개인 우상화와 국가 집단화에 나섰고, 일본은 참정당이 약진하며 극우의 깃발이 휘날리고 있습니다. 우리나라 역시 청년 극우에 대한 염려가 늘어나고 있습니다. 이미 국가 극우화에 성공한 국가들과 국제적 연대를 통해 세력을 더욱 키우며 우려를 줍니다.

이런 광기의 시대, 거의 유일하게 민주주의의 밝은 빛을 낸 곳이 바로 자랑스러운 대한의 민주국가 '대한민국'입니다. 우리 대한민국은 민주주의가 붕괴하는 이 시대에 모범이 되는 민주주의 국가입니다. 평화적인 수단을 통해 시민의 온전한 힘으로 극우 친위 군사 쿠데타를 진압했고, 법치에 기반하여 국가를 정상화시켰습니다. 그 중심에는 대한이 자랑스러운 국민이 있었습니다. 우리 대한민국의 가장 자랑스러운 K-컬처는 이제 '대한의 민주주의'입니다. 세계 어디에서도 유래를 찾아볼 수 없는, 그리고 민주주의 붕괴 시대에 민주주의의 가치를 되살리는 고귀한 불빛이 한반도에서 빛나고 있습니다.

2025. 2. 26.

국민의힘의 개헌 논의 점화,
"지금 뭐하노?"

국민의힘과 윤석열은 헌법재판소의 탄핵재판이 진행 중임에도 '개헌하자'는 논의를 제기했습니다. 12·3 내란을 개헌 논의로 덮으려는 것이었고, 12·3 내란이 지금의 헌법에 문제가 있기 때문에 어쩔 수 없이 일어난 일이라는 정치적 함의도 포함되어 있을 것입니다.

저는 당시 개헌 논의에 반대했습니다. 12·3 내란은 우리의 헌법에 문제가 있어서 발생한 것이 아니었고, 12·3 내란을 조기에 진압하는 데 우리 헌법이 큰 역할을 했으며, 헌법 개정은 국민이 개정 사항에 대해 충분히 인지하였을 때 논의되어야 합니다. 사회에서 충분한 토의가 쌓였을 때 조심스럽게 진행해야 할 우리 사회의 '공통 합의'이기 때문입니다.

몸에 큰 병이 들었는데, 병은 고치지 않고 옷만 바꾸어 입는다고 무엇이 달라지겠습니까. 병부터 고쳐야 합니다. 12·3 내란에 대한 정확하고 엄중한 종식이 선행되고, 이를 바탕으로 국가 기능이 안정적으로 회복된 후 논의해야 할 사항입니다.

보수의 기능과 진보의 기능은 상호 의존적인 것으로, 보수가 단단히 공동체의 공통 합의 가치를 수호하고 사회 통합과 안정을 지키고 있어야, 진보의 도전적 가치·창의적 가치를 수용하고 실질적 변화를 일으킬 수 있습니다. 헌법을 개정한다는 것은 우리 사회의 진보적 논의 중 공통 합의를 얻어 받아들일 부분을 선별하고, 이를 다시 한번 국민 동의를 거쳐 헌법에 수용함으로써 우리 사회가 수호할 보수의 가치로 변화시키는 작업입니다. 원활한 헌법 개정을 위해서라도 지금은 헌법 개정이 아닌, 명확한 12·3 내란에 대한 단죄와 국가 기강을 바로 세우며 사회 통합과 안정을 이룩해내는 것이 먼저입니다. 그것이 진정한 보수의 기능입니다.

2025.2.27.

명태균 특검법 찬성 표결

우원식 국회의장님이 "국회의 권한이 침해됐다"며 최 대행을 상대로 권한쟁의심판을 청구했는데, 55일 만에 헌법재판소는 재판관 전원 일치로 최 대행이 국회의 선출 권한을 침해했다는 판단을 내놨습니다. 최 대행의 헌법재판관 임명 미루기는 윤석열 탄핵을 막기 위한 잔꾀 이상의 논리적 근거를 찾기 어려웠습니다. 공직자의 가슴에 사심이 아닌 공심이 깃들기를 바랐습니다.

명태균 사건 관련하여 특검법이 상정되었습니다. 관련 법안이 통과되면 주요 표적은 국민의힘 선배·동료 국회의원들이 될 터였기에 심리적 부담이 매우 컸습니다. 계속된 국민의힘 지도부와의 충돌로, 이 법안만큼은 반대하고 원만하게 넘어가고 싶은 인간적 마음도 들었습니다. 그러나 도저히 그럴 수 없었습니다.

창원지검에서 수사와 관련하여 일어난 일들은 상식적으로 이해하기 어려웠고, 윤석열의 거짓말이 녹취로 세상에 그대로 알려졌음에도 지지부진한 검찰의 수사를 신뢰할 수 없었습니다. 많은 고민 끝에, 더 이상 감출 수 있는 일이 아니거니와 감추어서도 안 되며, 아프더라도 명명백백하게 수사하여 잘못을 바로잡아야 할 일이라 판단했습니다. 그것이 실질적 법치이며 정의이고, 진정으로 국민의힘이 다시 바로서서 국민의 신뢰를 회복하는 길이라 생각했습니다.

이번 특검법도 당론은 반대였습니다. 예전 다른 법안들과 달리 아무도 찬성 표결하지 않을 것으로 예상되었습니다. 지난 광주민주화묘지 방문 이후 노골적이었던 고립 상태를 이번 표결 참여로 심화시킬 것이 분명해 보였습니다. 인간적 고뇌를 뒤로하고 표결에 찬성표를 던졌습니다. 예상했던 대로 국민의힘 국회의원 중 법안 찬성은 저 하나에 불과했습니다.

권한대행은 거부권을 행사하고, 재표결에서 국민의힘 의원들이 동참하지 않아 결국은 폐기될 법안이었지만, 결과를 떠나 과정에서도 비겁하고 싶지 않았습니다.

법안 통과 후 또다시 엄청난 당내 비난에 직면했습니다. "동지의 등에 칼을 꽂고 있다"는 비난은 제게도 너무나 가슴 아프게 다가왔습니다. 하지만 국민의힘이 바로 세워져 보수의 기능을 충실히 수행하는 것이 진정 당을 위한 마지막 길이라 생각했습니다. 잘못된 당론과 동료를 지킨다는 명분으로 맹종한다면, 국민을 배신하는 결과가 됩니다. 이런 결정을 하고 나면 꼭 크게 몸살을 앓았습니다. 이날도 표결 후 많이 아팠습니다.

2025.2.28.

대한의 공동체 민주주의,
"같이 잘 살아요"

미국발 악재에 코스피가 급락하였습니다. 국가의 기능이 정상화되지 못하여 자영업자와 서민·기업의 어려움이 눈덩이처럼 커지고 있었습니다. 그러나 아직 헌법재판소는 탄핵 선고일을 잡지 못했습니다.

서구의 민주주의는 지극히 개인적 성향을 띠고 있습니다. 국가의 과도한 세금에 저항해서 거리로 나와 혁명을 일으키고, 집단의 이익을 지키기 위해 조직을 구성하여 정부에 요구하며 의회가 생겼습니다. 본질은 자신의 이익 수호와 폭력성입니다.

그런데 대한의 민주주의는 사뭇 다릅니다. 수백만 명이 거리로 나왔지만 불미스러운 일은 벌어지지 않았습니다. 도리어 서로가 서로를 돕고 희생하며 커피 한 잔의 배려를 아끼지 않습니다. 축제의 장, 화합의 장으로 이끌며 진압부대까지 평화 축제의 장으로 녹여내었습니다. 거리로 나온 이유를 물어보면 더욱 감탄을 금할 수 없습니다. 자신의 이익을 위해 거리로 나온 사람은 거의 없습니다. 대다수가 '나라를 위해', '동료를 위해', '후세를 위해', '옳음을 위해' 나왔습니다.

이런 대한의 민주주의 전통은 역사가 오래되었습니다. 자랑스러운 '민국'의 전통과 그 궤를 같이합니다. 평화롭지만 결연했고 서로 함께 지켜주었던 3·1 만세운동. 그 만세운동으로 세워진 대한민국 이후, 4·19 혁명, 부마항쟁, 광주항쟁, 6월 혁명, 촛불혁명, 빛의 혁명, 대한민국의 민주주의를 만들어낸 모든 항쟁과 혁명들은 공통적으로 공동체의 번영과 평화와 대동사회를 지향했습니다.

세계사의 유래를 찾을 수 없는 독특한 민주주의 개념입니다. 나는 이러한 대한의 민주주의를 '공동체 지향 민주주의'라 부릅니다. 서구의 개인 지향 민주주의와 대비되기 때문입니다.

개인의 존재는 매우 중요하고 절대적입니다. 하지만 그 개인이 모여 함께하는 공동체 역시 소중합니다. 공동체가 건강하면 개인이 더욱 행복할 수 있습니다. 민주주의 원리를 만든 이유가 공동체 운영 원리로써 개발된 것이기 때문입니다.

저는 우리 대한의 소중한 민주주의가 세계에 더 많이 알려지기를 바랍니다. 세계에서 가장 존경받는 민주주의 모범 국가, 세계를 평화로 이끌 공동체 민주주의의 부모 국가, 우리 대한민국이 위대한 대한 국민의 힘과 의지로 그 위대한 역사를 써내려가고 있습니다.

2025.3.1.

3.1절을 맞이하며,
"대한민국!!!"

3·1절을 맞이하여 윤석열을 지지하는 대규모 집회가 여의도와 광화문에서 분리되어 열렸습니다. 탄핵 반대세력은 갈수록 자중지란(自中之亂)이었습니다. 윤석열 탄핵 반대의 목적보다 집회 과정에서 얻을 수 있는 정치적·경제적·사회적 이익을 중시하다 보니 주체별로 다툼이 발생했습니다. 대의를 추구함에 진정성이 있다면 자중지란이 일어나지 않습니다. 그러나 잘못된 목적을 추구하거나, 겉으로는 대의를 추구하는 것 같지만 사실 사익 추구였다면 자중지란으로 이어지는 건 당연한 일입니다.

3·1절의 의미를 다시 한번 생각하며 대한민국 상해 임시정부를 떠올립니다. 2025년 아직도 왜곡된 국가관으로 우리 대한의 정통성과 우리 민국의 방향성을 잃어버린 사람

들이 있습니다. 그들은 '민국'의 정통성인 3·1운동으로 세워진 대한민국 상해 임시정부를 인정하지 않으려 합니다. 건국절과 이승만과 미국만 기억하고 조아립니다. 그래서 홍범도 장군 흉상 철거를 이야기하고, 김구 선생님을 인정하지 않습니다. '대한민국'의 의미와 뿌리와 정통성을 정녕 모르는 것일까요?

대한은 '위대한 한민족'을 뜻하는 민족 개념입니다. 민국은 '민주주의'를 뜻하는 우리의 국체 지향입니다. 대한은 고조선·삼국·신라·고려·조선·대한제국·대한민국으로 이어지는 정통성입니다. 민국은 상해 대한민국 임시정부가 싹이 되어 자란 큰 나무입니다. 그렇게 대한민국은 민족 정통성과 국체 지향을 함께 함의하고 있습니다.

일본제국은 군국 극우의 폭력적 강탈 국가였습니다. 대한제국은 백성이 중심이 아닌 왕이 중심이었습니다. 그 엄혹한 시기, 우리 대한은 '왕의 나라', '영웅이 다스리는 나라'로의 복귀를 거부했습니다. 3·1운동은 백성이 주인 되어 일어난 민중운동이었고, 그 정신은 백성의 나라, 평화의 나라 '민국'을 택했습니다. 홍익인간의 이념, 동학운동, 독립운동, 3·1만세운동, 무엇보다 수천 년 민초들의 염원과 한이 맺혀

자생적 '민국'을 선택한 것입니다. 우리는 '대한민국' 상해 임시정부를 세웠고, 유일한 정통성을 부여했습니다.

우리 대한의 정통성을 부정하고 강대국에 굴종하는 기회주의적 비겁함을 배격합니다. 백성이 주인인 나라, 함께하는 공동체 민국을 부정하고 배타적 기득권으로 국민을 기만하는 비열함을 배격합니다. 우리는 '대한민국'입니다.

2025. 3. 7.

윤석열에 대한 구속취소 결정

충격이었습니다. 경호처의 물리적 저지로 어렵게 체포하고 구속시켰던 윤석열이 다시 풀려났습니다. 구속기소 40일 만이었습니다. 내란 주범이 다시 풀려나온 것입니다.

핵심 쟁점은 ① 구속기간은 날(일, day) 수가 아니라 시간으로 계산되어야 하는지, ② 구속기간을 계산할 때 체포적부심사에 소요된 시간은 제외되는지, ③ 법원의 구속취소 결정에 대해 검찰이 즉시항고를 할 수 있는지, 세 가지였습니다.

형사소송법 제66조에 의하면 구속기간과 관련해 초일(첫날)은 1일로 산정하게 되어 있고, 윤석열은 1월 15일 오전 10시 반경 체포되었으므로 체포 시간과 상관없이 체포 당

일인 1월 15일이 구속기간을 산정하는 첫날이 됩니다. 검사는 피의자를 구속하면 10일 이내에 기소해야 하고, 그렇지 않으면 피의자를 석방해야 하는데, 형사소송법 제203조의 2에 따라 10일의 구속기간은 피의자를 '체포한 날'을 기점으로 계산합니다. 1월 15일을 1일로 계산하면 10일째 되는 날인 1월 24일이 구속기간 만료일이 되는 것입니다.

그런데 구속기간 계산(산정)에 관한 이러한 명시적 법률 규정에도 불구하고 법원은 구속 전 피의자 심문 기간에 소요된 기간을 날수(3일)가 아니라 분 단위의 시간(33시간 7분)으로 계산했습니다. 윤 대통령이 체포된 일시는 지난 1월 15일 오전 10시 33분이었고, 구속기간은 열흘째인 1월 24일 자정까지입니다. 그런데 이 기간에 윤 대통령의 구속영장 심사가 33시간 7분이 소요됐고, 이 기간을 구속기간에 포함하지 않으면 지난 1월 26일 오전 9시 7분쯤이 구속기간 만료 시점으로, 검찰의 공소 제기는 1월 26일 저녁 6시 52분쯤 이루어져 구속기간 만료 이후인바, 구속취소 사유라는 게 재판부의 설명이었습니다.

법원의 구속취소 결정 이유도 납득할 수 없지만, 구속취소 후 검찰이 즉시항고할 수 있음에도 하지 않았습니다. 윤석열을 위해 처음 시도되는 이례적 법 해석과 법 적용, 윤석열을 위한 이례적 검찰의 즉시항고 거부로 이해할 수밖에 없었습니다.

풀려난 윤석열은 마치 '귀환한 왕'과 같았습니다. 탄핵 찬성 지지자들과 국민의힘 원내는 환호했고, 12·3 내란의 빠른 종결을 원했던 다수 국민은 탄식했습니다. 당시 제게 "거 봐라, 윤석열이 옳았다. 김상욱 너는 석고대죄해라"라는 항의가 빗발쳤습니다. 법원과 검찰의 비상식적 판단이 국민에게 주는 신호는 그렇게 강렬했습니다.

2025.3.8.

보수와 진보의 기능,
그리고 진보의 위기

저는 보수와 진보는 기능의 개념일 뿐, 진영의 개념이 되어서는 안 된다고 믿습니다. 보수는 공통 합의 가치 수호와 사회통합 및 안정을 지켜가고, 진보는 시대정신을 고민한 새로운 발전적 도전을 계속해야 합니다. 진보의 성과는 보수의 새로운 수호 가치가 되고, 보수의 안정감은 진보가 도전할 토대가 될 것입니다.

2025년 대한민국은 87년 헌법체제 위에 서 있습니다. 따라서 민주주의·실질적 법치·시장경제질서·복지사회 등 헌법 가치를 수호하고 사회통합과 안정을 위해 노력하는 것이 보수의 기능일 것입니다. 개인적으로 그 기능은 국민의힘과 더불어민주당이 함께 잘 수행하고 있다고 생각합니다. 제가 보기엔 두 당 모두 새로운 혁신 아젠다를 제시하기보다는 사회공통가치 수호와 사회통합에 집중하고 있기 때문입니다. 보다 정확하게는 국민의힘은 12·3 내란 이후 보수의 기능을 더 이상 수행하지 못하고 있습니다. 민주주의 수호 기능을 잃어버렸고, 이후 회복하지 못하고 있기 때문입니다. 어찌 되었든 대한민국에서 헌법 수호와 사회통합의 기능 수행은 계속되고 있습니다.

문제는 진보의 기능 부재입니다. 지금의 시대정신을 저는 AI 혁명으로 유발되는 사회·경제·노동·인간존엄의 변화라 생각합니다. 1차 산업혁명은 수공업에서 공장 생산으로 전환되며 사회와 경제 구조를 바꿨고 2차 산업혁명의 변화로 자본주의와 사회주의 등 다양한 이념·이데올로기가 형성되어 식민주의와 세계대전, 냉전으로까지 이어졌습니다. 그런데 AI 혁명은 1차, 2차 산업혁명과는 비교할 수 없을 정도의 본원적 혁명입니다. 로보틱스 기술과 결합하고 양자컴퓨팅 기술까지 더해지면 인간의 모든 영역을 압도적으로 우수한 능력과 효율로 대체해버릴 것이기 때문입니다.

우리가 지금 합의한 공통 사회 가치와 헌법의 개념조차 미래에는 어떤 변화를 겪을지 지금으로서는 예상조차 하기 어렵습니다. '인간은 생각하고 자아가 있기 때문에 존엄하다'

고 이야기되어 왔습니다. 그런데 AI가 인간보다 더 많이 생각하고 자아까지 갖춘다면, AI도 똑같이 존엄해야 하는 걸까요? 자아를 갖춘 AI와 로보틱스를 우리가 착취하듯 이용한다면 이것도 평등에 반하는 것일까요? 인간의 노동가치는 이제 어떻게 이해해야 할까요? 지금처럼 의회에서 갑론을박 후 의사결정하며 법안과 정책을 정하는 것과, 인간의 두뇌보다 수만 배 우수한 사고력과 연산력, 추론력을 갖춘 AI가 모든 데이터를 검수한 후 내놓는 법안과 정책을 그대로 실행하는 것이 더 좋은 걸까요? 이런 수많은 질문들에 우리는 이제 고민을 시작해야 합니다. 저는 이것이 2025년 진보의 영역이어야 한다고 생각합니다.

지금의 진보적 논의는 대다수 보수화된(헌법 가치 수호 및 사회통합 등 기존 질서 수호 중심) 민주당을 거치지 않으면 제도권 내로 들어오기조차 힘듭니다. 새롭고 다양한 진보정당의 등장이 필요한 이유입니다.

2025.3.12.

탄핵 기각되면 죽을 때까지 단식하겠다는 결의

헌법재판소의 탄핵 선고가 늦어지며 사회의 불확실성이 더해졌습니다. 여기에 윤석열 구속취소, 이어서 윤석열 지지자들의 기세 오른 집회와 여론전은 '헌법재판소에서 탄핵 기각을 결정하여 윤석열을 복귀시키면 어떻게 하나' 하는 불안한 여론으로 확산되어 갔습니다. 윤석열 구속취소 후 대한민국은 탄핵 결정에 대한 불안감이 더해지며 뜨거운 용광로가 되어갔습니다.

탄핵 찬반 진영의 갈등은 극에 달했고, 정치인들은 대다수가 거리로 나갔습니다. 여기에 이런 혼란조차 정치적 영향력 확대의 기회로 보는 기회주의적 정치인들은 더욱 자극적 언행으로 시민들을 선동하며 혼란과 갈등을 부추기고 있었습니다. 국회에 국회의원이 거의 없는 이상한 상황이었습니다. 2025년 3월 12일의 대한민국은 불확실성과 윤석열의 석방으로 폭발 직전의 상황이었습니다.

저는 두 가지를 생각했습니다. 하나는 그럴 리 없겠지만 탄핵이 기각되면 어떻게 할 것인가, 다른 하나는 지금 나는 무엇을 할 것인가.

탄핵이 기각된다면 윤석열이 대통령직에 종국적으로 복귀하는 것이고, 이는 대한민국에서 독재가 명분을 가지고 시작됨을 의미합니다. 시작된 독재는 점점 고착되고 견고해질 수밖에 없기에, 가장 빠른 시간 내 시민혁명으로 무너뜨려야 합니다. 시민혁명은 늘 희생을 필요로 합니다.

지난 광주민주화묘지 참배 당시 '시민혁명이 다시 시민들의 피를 원하면 내가 대신 희생하겠다'는 다짐을 했었습니다. 탄핵이 기각된다면 다시 시민혁명으로 독재를 타도해야 하고, 시민혁명의 도화선이 될 희생이 필요해집니다. 제가 한 다짐을 지켜야 할 순간이 오는 것입니다. 저는 조심스러웠지만, 이런 뜻을 방송 인터뷰에서 '탄핵이 기각되면 국회 로텐더홀에서 죽을 때까지 단식하겠다'며 공식화했습니다.

동시에, 지금 책임 있는 정치인으로서 거리로 나가 시민들을 선동하는 것은 옳지 않다고 판단했습니다. 시민들이 거리로 나와 집회하고 의견을 표출하는 것은 당연한 권리이며, 나아가 혼란의 시기에 주권자 시민의 힘을 보여주는 자랑스러운 민주시민의 모습입니다. 그러나 책임 있는 정치인이라면 집회가 더 극단으로 향하도록 자극하지 말고, 평화적으로 질서가 유지되도록 노력해야 합니다. 특히 집회에서 정치인 자신의 정치적 유불리와 이해관계, 앞으로의 정치적 행보를 염두에 둔 자극적 언행을 하는 것은 비겁하고 비열하며 나쁘다고 생각했습니다.

이러한 생각을 바탕으로 '탄핵이 기각되면 죽을 각오로 단식에 임하겠다. 다만, 지금은 헌법재판소의 시간이므로 책임 있는 정치인으로 묵묵히 인내하며 기다리겠다'는 입장을 밝혔습니다. 당시 국민의힘 젊은 모 의원은 방송에서 저의 발언을 두고 "당의 많은 의원들이 현 시국에 대해 왜 이렇게 말하고 있는지, 왜 거리로 나가고 있는지 생각해서 적절히, 지혜로운 발언을 해주시길 바란다"고 일갈했었습니다. 돌이켜 생각하면, 당시 판단과 행동의 중심을 잡으려 노력을 많이 했던 것 같습니다. 저의 언행이 혹여라도 시민들께 누가 되지 않아야 한다는 의무감이 컸습니다.

위 발언 후 "윤석열을 그렇게 목숨 걸고 지켜봐라", "정말 죽을 때까지 단식하는지 지켜보겠다"며 많은 힐난을 들어야 했습니다. 탄핵 선고일이 가까워질수록 "살날이 얼마 남지 않았구나", "꼭 죽는지 지켜보겠다"는 문자 메시지가 매일 엄청나게 쏟아졌습니다. 이런 문자와 힐난을 하는 분들도 모두 제가 모셔야 할 대한민국 주권자 국민이라는 마음으로 헌법재판소의 선고일이 다가오기를 기다렸습니다.

2025. 3. 13.

뜨거운 헌법재판소 집회 열기

헌법재판소 앞은 어느 때보다 뜨거웠습니다. 국가의 명운을 결정할 사명을 부여받은 헌법재판소는 숙고에 들어갔고, 침묵은 길어졌습니다. 국민은 간절한 염원이 헌법재판소에 닿기를 바라는 마음으로 촉각을 세웠습니다.

저는 현장에 보이면 탄핵 반대 측의 최우선 테러 타깃일 수밖에 없었기에 헌법재판소 현장에 공식적으로 갈 수 없었습니다. 자칫 저로 인해 시민들 사이에 유혈사태가 발생할 수도 있었기 때문입니다. 하지만 기운은 전하고 싶었습니다.

새벽 아무도 모르게 혼자 헌법재판소 인근을 찾아 헌법재판소를 보며 기도했습니다.

'이 땅에 정의가 바로 서게 하소서. 윤석열의 대통령 자격 없음을 신속하고 공정하게 판단하여, 대한민국이 다시 명예롭게 하소서. 재판관님들께 정의와 양심의 용기가 함께 하게 하소서.'

2025.3.14.

공적 마인드 없는 엘리트주의

헌법재판소 담장에 철망이 설치되었습니다. 최상목 대행은 명태균 특검법에 대해 재의 요구하며 반려했습니다. 헌법재판소는 아직 선고일을 잡지 못했습니다. 시민들의 불안감은 계속 커졌습니다.

윤석열은 대한민국에서 가장 입학 점수가 높은 대학 최고 학과를 졸업하고, 가장 난이도 높다는 사법시험을 통과한 후 검찰총장까지 지낸 전형적인 대한민국 엘리트입니다. 그의 지지 세력 중 상당수는 소위 엘리트 코스를 밟아온 고위 관료이거나 검찰 출신들로, 역시 대한민국 최고의 엘리트 집단입니다.

사회에서 가장 우수한 성과를 거두어 능력을 인정받은 집단일 텐데, 실상은 비상식적 민주주의 파괴 행위로 이어졌습니다. 유능함으로 사회와 공동체에 기여하기를 바랐으나, 무능하고 심지어 사회와 공동체에 해악이 되어버린 것입니다.

어릴 적 치열한 경쟁을 통해 암기와 연산을 잘하는 학생들이 엘리트로 인정받고, 사교육과 수단·방법을 가리지 않는 부모의 열성적 노력까지 더해져서 계속된 극단의 경쟁을 거친 후 명문대학에 입학하고, 명문대학 입학 후에도 반복되는 경쟁에서 살아남아 관료 또는 검찰 엘리트가 됩니다. 철저하게 '경쟁'을 수단으로 하고 있고, 철저하게 '남을 이겨야만 하는' 목적으로 긴 시간 단련되어 온 것입니다.

'경쟁'으로 '남을 이김'으로써 전문 분야 지식은 얻었겠지만, 공동체를 위하고 약자와 공감하고 소통하며, 타인을 위한 이타심을 가지는 진짜 '지도자'로서의 자질을 기를 기회는 없었을 겁니다. 도리어 이타적 태도를 가진 자는 치열한 경쟁의 과정에서 모략과 시기로 도태되기 쉽습니다.

엘리트의 개념에 대해 다시 생각합니다. 공동체의 엘리트는 첫째, 공동체를 진정으로 위하는 공심(公心)이 있어야 하고,

둘째, 다양한 배경을 가진 구성원과 교감하고 소통하며 함께할 수 있어야 하며, 셋째, 전문가들의 도움을 받아 업무를 효율적으로 해낼 수 있는 능력이 있어야 하고, 넷째, 스스로 되돌아보며 반성하여 잘못을 바로잡고 균형감 있게 사안을 대하는 태도를 가져야 합니다. 이런 역량을 가진 자를 공동체의 엘리트, 국민을 위해 봉사하는 노복으로 써야 합니다.

가능하다면 우리 학생들의 성장도 치열한 경쟁만 우선할 것이 아니라, 공동체의 모범적 구성원이 되도록 독려하고 그런 역량을 갖춘 학생에게 더 높은 평가를 할 수 있는 개선을 제안합니다. '남이야 어떻게 되든 상관없다'는 마음으로 경쟁에서 이긴 승자를 우대할 것이 아니라, 함께 발전하는 우리를 독려하고 그 안에서 자신과 무리의 완성을 이끌어낼 수 있는 사람을 우대해야 합니다. 진정한 강자는 약자를 강자 되게 함으로써 그 강(强)을 지켜갑니다.

2025.3.15.

헌재를 바라보는 주말

헌법재판소의 탄핵 선고를 앞두고 국회의원들은 거리로 향했습니다. 국민의힘은 경북 지방에서, 민주당은 광화문에서 대규모 집회에 참석했습니다. 일부 정치인들은 지지층을 결집하고 자신을 알릴 기회로 생각하여 더욱 선동적이고 자극적 언사를 토해냈습니다. 당권 등 탄핵 이후를 생각하는 정치인일수록 더욱 그랬던 것 같습니다.

저는 '지금은 헌법재판소의 시간이다'라는 마음으로 드러나지 않게 담담히 기다리는 쪽을 택했습니다. 저의 집회 등장은 과열된 시민 여론을 더욱 자극하고 자칫 찬성과 반대 시민들 사이 충돌을 일으킬 수 있다고 판단했습니다. 달아오른 양측 시민들께서 다치거나 충돌하지 않아야 한다는 바람이 컸고, 사회의 혼란과 분열이 너무 깊어져 이후 통합과 상처 치유가 더뎌질 것을 염려했습니다.

뜨거운 혼란 속 홀로 조용히 다짐했습니다.

> '만에 하나라도 탄핵 기각 선고가 이루어진다면, 두려워하지 말고 시민혁명의 도화선이 되자. 그 또한 사명이고 숙명이다.'

2025.3.16.

김건희 국정농단과 부패

윤석열에 대한 탄핵 심판이 92일째 계속되고 있습니다. 심판이 길어지는 만큼 미래 불확실성은 해소되지 않고 경제와 사회에 부정적 영향도 계속되고 있습니다. 전광훈 목사는 광화문 연합예배에서 윤석열을 다윗에 비유하며 찬양했다고 합니다. 하지만 이 혼란 속에서도 '2025 서울 마라톤 대회'가 약 4만 명이 참여하여 역대 최대 규모로 치러졌습니다.

윤석열의 비상계엄 뒤에 김건희가 있습니다. 김건희의 국정농단 뒤에 권력을 이용한 부당한 이익을 취하려는 카르텔이 있습니다. 부당한 이익을 취하려는 카르텔은 창의적 도전과 성실함으로 부를 이루려는 자를 기망하고, 배타적 연대로 불공정하게 부를 축적해온 우리 사회의 과거가 있습니다.

창의적·혁신적 아이디어로 도전하고 성취해가는 사업가 정신이 살아 있어야 경제가 강해집니다. 사업가 정신이 살아 있는 사회는 공정함이 바탕이 되어야 합니다. 불공정한 사회, 그래서 창의와 혁신과 성실만으로는 성공할 수 없는 사회에서는 사업가 정신이 자리 잡기 어렵고, 권력과 자본에 기생하여 편법과 거짓으로 대중을 기만하며 일확천금을 얻으려는 파괴적 일탈만 늘어나게 됩니다.

김건희는 도이치모터스 주가조작 의혹, 양평고속도로 의혹, 우크라이나 재건공사 관련 의혹, 서희건설 의혹 등 수많은 권력형 비리 의혹을 받고 있습니다. 권력으로 돈을 얻으려는 시도였습니다. 불공정함과 편법과 거짓으로 일확천금을 얻으려는 부끄러움이었습니다.

부를 얻고 싶은 사람은 창의적·혁신적 아이디어로 도전적 사업을 성실히 수행해서 공정한 경쟁을 통해 부를 이룰 수 있음을 보여야 합니다. 이를 위해서 윤석열을 탄핵한 후, 김건희의 국정농단과 관련한 비리를 발본색원해야 합니다.

2025.3.17.

담담한 기다림,
"기다린 광장에 봄바람이 불겄쥬?"

폭설에 강풍까지 동반한 꽃샘추위가 매서웠습니다. 최상목 대행은 마은혁 헌법재판관 임명을 계속 거부하고 있었고, 양당은 서로 헌법재판소 승복을 요구하며 기싸움하고 있었으며, 헌법재판소 앞은 추운 날씨에도 국민의 염원으로 뜨거웠습니다. 그 뜨거움 속에 저는 담담히, 혹여 있을지 모를 결단 내려야 할 때를 준비하며 제 삶을 되돌아보았습니다.

참 많은 은혜 속에 살아온 삶이었고, 감사한 일이 많았습니다. 많은 고뇌가 있었지만, 덕분에 하나씩 삶을 배워가는 재미도 있었습니다. 사람의 삶이란 것이 계획대로만 살 수 없고, 시작도 끝도 마음으로 정할 수 있는 것이 아니기에, 지금 이 순간이 가장 소중하고 가장 위대하다는 당연한 진리를 다시 한번 되새겼습니다. 탄핵 찬반을 둘러싼 뜨거운 함성 앞에, 담담함과 감사함을 더하며 대한민국의 혼란이 마무리되어 단단하게 거듭나기를 간절히 기도했습니다.

2025.3.18.

눈 내린 서울,
"탄핵 반대에 왜 성조기가 있죠?"

3월의 서울에 보기 드문 대설특보가 내려 출근길 혼잡과 시민 불편이 이어졌습니다. 광화문, 북악산, 청계천 등 도심 곳곳에 눈이 쌓였습니다. 하얀 눈이 내린 광화문을 보며, 탄핵 정국이 어서 마무리되어 전 세계 다양한 국가 젊은이들이 이곳에서 눈사람을 만들며 좋아하는 장면을 상상했습니다.

탄핵 반대 집회를 보면 태극기와 함께 성조기가 많이 보입니다. 그들 중 일부는 미국을 절대 찬양하고 윤석열이 중국의 침략을 막기 위해 비상계엄을 했다고 주장합니다. 미국에 대한 절대 맹종은 잘못된 태도이고, 중국의 침략이나 부정선거 개입은 근거 없는 가짜 뉴스에 불과하며, 두 사유 모두 윤석열 비상계엄 사태의 본질이 될 수 없습니다. 그런데도 이런 비상식적 주장이 큰 집회의 주류로 이어지는 것을 어떻게 보아야 할까요?

여러 분석이 있을 수 있겠지만,
　　① 대한민국의 존재 목적은 대한 국민의 존엄과 안전과 행복에 있다는 점,
　　② 한반도의 지정학적 중요성을 고려할 때 우리는 개방적이고 포용적이며 공정한 사회를 건설하고, 대외관계도 유연함을 바탕으로 한 합리·실용의 모습이어야 한다는 점,
　　③ 미국도 중국도 모두 자국의 이익을 우선할 뿐, 냉엄한 국제 질서 속에서 우리 대한의 길은 대한이 열어가야 한다는 점,
이것이 우리가 새기고 있어야 할 판단 기준입니다.

미국에 대한 맹목적 사대와 맹신, 중국에 대한 근거 없는 혐오는 국익에 도움이 되지 않습니다. 이를 알면서도 정치적으로 이용하여 자신의 정치력·경제력을 도모하는 것은 나라를 팔아서라도 자신의 잇속을 불리겠다는 매국노의 생각과 같습니다.

2025.3.23.

연금개혁법안 통과를 바라보며

여야 간 첨예한 대립 속에서도 합의로 처리된 법안이 있으니, 이른바 '연금개혁법안'입니다. 하지만 내용을 살펴보면 본질적 개혁 내용이라 하기엔 많이 부족했습니다. 역시나 젊은 세대의 희생을 요구하고 있었습니다.

청년층보다 중년층과 장년층이 사회적·경제적으로 더 많은 것을 가지고 있음이 사실입니다. 더 오래 살며 더 많은 노력을 해왔기에 당연한 귀결입니다. 그런데 우리 사회는 급속한 저출산·노령화로 중년층과 장년층의 인구 비율이 급속하게 더 늘어나고 있습니다. 결론적으로, 사회 내 소수이자 덜 가지고 덜 누리는 약자인 청년층에 대한 소외가 나타날 수밖에 없습니다. 정치 분야에서 이런 현상은 더욱 도드라

집니다. 정책적·계획적 배려가 아니고서는 청년층이 결정권한 있는 지위의 정치에 입문하는 것이 어렵고, 투표율도 적습니다. 이런 모든 것의 귀결이 정책에서 청년이 배려받지 못하는 현상입니다. 정책에서 배려받지 못하면 사회적·경제적 약자이자 인구수도 부족한 청년층은 더욱 불균형하고 불공정한 상태에 놓이게 될 수 있습니다.

우리가 잊지 말아야 할 사실이 있습니다. 청년은 우리의 미래라는 것입니다. 함부로 착취하거나 무관심해서는 안 됩니다. 청년에게 불리하지 않은 정책을 넘어 청년에게 유리한 정책을 추진해야 지속 가능한 미래가 보장됩니다. 후배 세대를 생각하는 우리가 되어야 합니다.

"역사에 '이기적 세대'로 기록되지 않기를…"

2025.3.23.

중앙 연금개혁법안이 18년 만에 여야 합의로 처리되었습니다. '여야 합의'란 말이 참 반가웠습니다. 그러나 거기까지였습니다.

선배 세대는 적게 내고 많이 받고, 미래 세대는 많이 내고 적게 받고…. 연금개혁은 고통을 분담하기에 반발이 많고 어렵다고 합니다.

그런데 그 고통을 왜 미래 세대에게 미루어버립니까.

대한의 미래 세대는 너무 힘겹습니다.

평생 월급을 모아도 서울에 작은 집 하나 장만하기 어렵습니다.

경제가 더 나아지리라는 전망도 어렵습니다.

선배 세대가 누리는 온갖 복지는 그대로 미래 세대의 부담이 되고 있습니다.

저출산으로 그 부담은 몇 배로 가중됩니다. 그러한 좌

절은 미래 세대를 더 극단의 좌절과 분노로 몰고 갑니다.

포퓰리즘이 극단주의를 낳게 되는 것입니다.

넷플릭스 드라마, 〈폭싹 속았수다〉를 보면서 자식은 자신보다 더 나은 삶을 살기를 바라며 현실의 굴레에 도전하고 바꾸어가는 모습이 감동적이었습니다.

우리의 조부모 세대는 부모 세대를 위해 헌신했습니다.

우리 부모 세대는 우리 세대를 위해 허리띠를 졸라맸습니다.

'자식들은 부디 나보다 더 나은 삶을 살기를…'

선배 세대의 이러한 간절함이 지금의 더 나은 대한민국을 만들었습니다.

선배 세대가 더 누리기 위해, 미래 세대에 짐을 더해서는 안 됩니다.

선배 세대의 헌신으로 이룬 대한민국에서, 우리는 미래세대를 위한 선택을 해야 합니다.

역사에 우리 세대가 '이기적 세대'로 기록되지 않기를 바랍니다.

2025.3.24.

한덕수 총리의 권한대행 복귀

한덕수 대통령 권한대행 탄핵소추 87일 만에 헌법재판소가 기각이라는 결론을 내놨습니다. 모두 8명의 헌법재판관 가운데 5명이 기각, 1명은 인용, 2명은 각하 의견을 냈습니다.

    기각 의견을 낸 재판관 5명 가운데 4명은 한덕수 권한대행이 헌법재판관 임명을 보류한 게 헌법이나 법률 위반이라고 봤습니다. 하지만 파면을 정당화하는 사유가 존재한다고 보지 않았고, 나머지 김복형 재판관은 임명 보류가 아예 위헌·위법이 아니라고 판단했습니다. 유일하게 인용 의견을 낸 정계선 재판관은 이른바 '내란 특검' 후보자 추천 지연과 재판관 임명 보류가 파면할 만큼의 잘못이라고 판단했습니다. 정형식, 조한창 재판관은 대통령 권한을 대행하는 국무총리 탄핵소추 의결 정족수는 대통령 기준으로 판단하는 것이 맞다며 탄핵소추를 '각하'해야 한다는 의견을 냈습니다.

윤석열 탄핵 심판과 관련하여, 전 국민의 관심이 헌법재판소를 향해 있었고, 늦어지는 헌법재판소의 결정에 관하여 극도의 불안과 불확실성으로 갖은 추측과 전망이 난무하던 중 내려진 기각 결정이었습니다. 한덕수 탄핵 기각 결정을 보며, 헌법재판관의 정치적 배경과 성향에 따라 극명하게 결론이 나뉘는 것을 부인할 수 없게 되었습니다. 헌법재판소의 의견을 존중하지만, 자연스러운 불안감이 밀려왔습니다.

헌법재판소의 재판관은 사회의 다양한 견해와 배경을 반영해야 합니다. 하지만 그들도 법관입니다. 법관이기에 '법관의 양심과 독립'을 준수해야 합니다. 법관은 오로지 '법률과 법관의 양심'에 따라서만 판단해야 하고, 그것을 법관의 독립이라 존중하며 제도적으로 보장하기 위해 노력합니다. 여기서 독립이란, 법관이 자신의 정치적 견해와 편향·경험·감정·이해관계·외압으로부터도 독립해야 한다는 의미입니다. 그러나 헌법재판소 판결문을 보며 헌법재판관이 '정치적 견해와 배경, 외압 등'으로부터 독립한 것이 맞는지 의문을 가질 수밖에 없었습니다.

2025.3.29.

울산 탄핵 반대 집회

산불로 경북 일대가 큰 고통을 받고 있었지만, 울산에서는 대규모 탄핵 반대 집회가 열렸습니다. 헌법재판소의 윤석열 탄핵 심판 선고가 임박했고, 헌법재판소나 서울이 아닌 곳에서의 집회이기에 실질적으로 윤석열 구하기에 아무런 도움이 될 수 없었습니다. 결국, 윤석열 구하기 목적보다는, ① 지역 내 국민의힘 세력 규합, ② 지역 내 국민의힘 정치인들의 정치세력화 도모, ③ 지역 내 탄핵 찬성론자 압박 등이 실질적 이유였던 것 같습니다.

울산 탄핵 반대 집회에서 어떤 발언들이 나오는지 궁금해서 모자를 눌러쓰고 조용히 가서 발언을 들어보았습니다. 개신교 단체 세이브코리아가 주최한 집회였고, 오후 1시부터 울산의 가장 번화한 중심지인 남구 번영사거리 일원에서 주최 측 추산 3만 명, 경찰 비공식 추산 5,000명이 집결했습니다. 국민의힘 김기현·박성민·장동혁 의원, 한국사 강사 전한길 씨, 손현보 세이브코리아 대표 등이 참석했습니다.

 전 씨는 "중국은 서해에 무단으로 구조물을 설치하고 '양식장을 위한 시설'이라고 주장하는데, 그것은 거짓말이고 미사일을 설치할 수도 있게 될 것"이라면서 "우리 역사를 보면 중국은 꾸준히 우리나라를 침입하려 했고, 지금도 대한민국은 자유민주주의를 위협받고 있으며, 까딱 잘못하면 홍콩처럼 될 수 있겠다는 위기감도 나온다"며 전형적인 반중 혐오 여론을 제기했습니다. 이어 "헌법재판소가 대통령 탄핵을 기각해 직무 복귀시키고 국가 시스템을 정상화해야 한다"는 주장을 이어갔습니다. 물론 저에 대한 비난도 있었습니다.

열심히 귀담아들었지만, 탄핵 반대 집회에서 제가 새겨들을 내용은 없었고, 그저 근거 없는 사실에 기반한 선동과 혐오, 갈등 유발, 더불어민주당과 이재명 당시 더불어민주당 대표, 그리고 김상욱에 대한 비난과 욕설·음해뿐이었습니다. 집회라기보다는 막무가내 선동 현장이었습니다. 정치에 책임 있는 사람들과 사회적 지도 인사가 그런 무책임한 일을 벌이는 것에 대해 안타까웠습니다.

제가 가지는 생각의 기본은, ① 남을 탓하고 외부의 적을 만들어 내부 단결을 도모하는 것은 파괴적이고 비겁하다, ② 내가 잘하고 모범이 되고 효능감을 보이면서 포용하고 소통하면 진정한 단결이 되고 생산적 결과로 이어진다, ③ 다름에서 배움을 얻고, 나보다 잘난 사람을 시기하기보다 잘 받들 때 진정한 화합과 상생, 그리고 나와 공동체의 발전이 일어난다는 것입니다.

윤석열이 헌법을 파괴하고 독재를 기획한 명백한 국내 정치 현안을 두고, 근거 없는 중국 혐오와 상대방 악마화에만 몰두하여 이를 바탕으로 갈등을 조장하고 정치세력화를 도모하는 것은 지극히 비상식적인 논점 일탈이며 파괴적 비겁함입니다.

2025.4.1.

윤석열 탄핵 선고일 지정

4월 1일 만우절, 거짓말처럼 윤석열에 대한 탄핵 선고일이 드디어 정해졌습니다. 4월 4일 오전 11시. 기다렸던 국가 운명을 결정하는 시간입니다. 선고를 앞두고 수없이 많은 가설과 추정이 난무했습니다. 우리가 겪어왔던 불안과 불확실 비상식의 시간이 길었기에 당연하게 탄핵 결정으로 귀결되어야 할 4월 4일을 기다리는 우리의 마음은 편안할 수 없었습니다. 긴 기다림과 투쟁의 시간이 국민의 승리로 결과되기를 소원했습니다.

2025.4.4.

윤석열 탄핵 선고의 그날,
"대한이 다시 바로 섰습니다"

운명의 윤석열 탄핵 선고일이 다가왔습니다. 12월 14일 처음 국회에서 탄핵을 의결했을 때만 하더라도 선고일까지 이토록 지난하고 험난한 기다림이 있을 줄은 생각지 못했습니다. 혹여라도 탄핵이 기각될 수도 있기에 의원실에 '기각되면 바로 국회 로텐더홀에서 모든 것을 건 단식에 들어갈 것이니 준비하라'고 일러둔 후, 국회 밖으로 나와 헌법재판소 방향으로 무작정 이동했습니다.

　　수많은 국민이 헌법재판소 인근 거리에 집결해 있었습니다. 민주주의와 상식 회복에 대한 간절한 염원이 전해졌습니다. 시민들 속에 무심코 섰는데, 몇몇 시민분들께서 알아보시고 반가운 인사를 건넸습니다. 그중에는 국민의힘 당원인데 이곳에 나왔다고 하시며, 국민의힘 당원이 모두 탄핵에 반대하는 것은 아니고 자신처럼 찬성하는 사람들도 많은데 국민의힘 의원들이 대다수 탄핵 반대의 목소리만 내어서 걱정이 많다고 토로하는 분들도 계셨습니다.

두근거리는 마음으로 탄핵 선고의 순간을 기다렸습니다. "주문, 피청구인 대통령 윤석열을 파면한다." 드디어 탄핵이 결정되었습니다. 재판관 전원 일치였습니다.

재판부는 국회의 탄핵소추가 적법했다고 판단했고, 헌법질서 수호라는 탄핵 심판 취지를 고려하면 '계엄 선포'도 사법심사의 대상이며, 윤 전 대통령 측이 문제삼아 온, 이른바 '재의결'이나 '내란죄 철회' 부분도 문제가 없다고 봤습니다. 쟁점별 탄핵소추 사유는 다섯 가지 모두 위헌·위법하다고 판단했습니다. 당시 국가비상사태가 아니었지만 비상계엄을 선포했다고 봤고, 군경을 동원하여 국회의 권한 행사를 방해해 헌법과 법률을 위반했다며, '경고성 계엄'이었다는 윤 전 대통령의 주장도 인정하지 않았습니다. 병력을 투입해 국회에 있던 의원들을 끌어내며 계엄해제 무력화를 시도하고, 선관위 장악과 정치인 및 법관 등 주요 인사를 체포하려 했다는 소추 사유도 모두 인정됐습니다. 무엇보다 파면할 정도로 사안이 중하다고 판단했습니다.

오직 이날만을 간절히 바라며 걸어왔습니다. 누군가 지난 5개월의 시간을 한 단어로 표현하자면 무엇이냐고 묻길래 '간절함'이었다고 대답했습니다. 당연한 줄 알았던 민주주의와 법치주의와 상식이 무참히 무너지는 현실에서, 그 당연함을 회복하기 위한 간절함이었습니다. 12·3 내란에 책임 있는 국민의힘 소속 국회의원으로 철저히 고립되어 눈 부릅뜬 채 걸어온 시간이었습니다. 정치가 무엇인지도 모르는 초짜 정치인의 막연했지만 간절했던 여정이 마침내 종착역에 닿았습니다. 다음을 생각지 않고 달려왔기에 윤석열 탄핵, 그것으로 족했습니다. 감사의 기도를 올리며 눈물을 흘렸습니다.

위기에 더 지혜와 용기를 더하는 '대한국민'의 위대함을 시민들과 함께 느꼈습니다. 대한민국을 지켜주셔서 감사합니다. 위대한 승리이며, 대한의 민주주의가 굳건함을 세계에 알리는 이벤트였습니다. 그렇게 윤석열은 대한민국 대통령의 권좌에서 내려왔습니다.

　　다시 만난 세상,
　　이제 다시 시작입니다.
　　대한민국의 주인은 우리 '대한국민'임을 입증하고 보

였습니다.

대한의 민주주의는 세대를 거듭할수록 그렇게 더 위대해지고 있습니다.

쉽지 않은 참 민주주의의 길, 하지만 우리는 잘 해낼 수 있습니다.

깨어 있는 시민들의 행동하는 양심, 함께함이 자랑스럽습니다.

에필로그

 윤석열이 권좌에서 물러나고 한동안 칩거했습니다. 세상은 빠르게 다음 지도자를 세우기 위한 준비에 들어갔습니다. 제게도 보수당을 창당하여 제3의 길을 가자는 제안을 하는 분들이 많았습니다. 하지만 저는 제가 빛나거나 영향력을 얻기를 원하지 않았습니다. 어디서 어떤 역할을 어떻게 하는 것이 국민께 가장 이로운 일인가 생각했습니다.

 국민의힘이 국민께 석고대죄하고 반성하여 보수의 기능을 수행하는 보수정당으로 다시 자리매김하기를 바랐습니다. 대선을 준비하는 과정이 그런 변화를 하기 좋은 기회라 여겼습니다. 하지만 간곡한 바람과 노력에도 국민의힘은 12·3 내란에 대한 진정한 사과, 비상계엄해제에 적극 나서지 않음에 대한 사과, 탄핵을 반대한 것에 대한 사과, 국가와 국민께 큰 사회적·경제적 피해를 끼친 것에 대한 사과, 그 무엇도 실행하지 않은 채 더욱 강성 지지층의 틀에 갇혀 갔습니다.

강성 지지층으로 둘러싸인 성은 안락해 보이지만, 실상은 감옥이 됩니다. 가치의 깃발을 들고 지지자와 함께 추구하는 올바름을 구체적으로 실행하며 성 밖으로 용기 있게 나와 길을 내야 하는데, 국민의힘은 강성 지지층의 성으로 더 숨어들어 갔습니다.

당의 지도부와 대선 후보는 최소한 비상계엄해제에 동참하고 탄핵 찬성의 판단과 행동을 한 후보자들 중 지도자의 역량을 갖춘 사람을 세워야 할 텐데, 반대로만 흘러갔습니다. 형식상 경선을 치렀으나, 그 경선은 국민의힘 원내 주류 세력이 자신들의 이익에 따라 상정한 특정인을 위한 환경 만들기에 불과했습니다. 경선의 원칙마저 무너지고, 급기야 새벽 시간 후보 교체 시도까지 일어나며 민주정당으로서 최소한의 원칙마저 붕괴했습니다.

이런 상황은 저로 하여금 많은 고민을 하게 했습니다. 아직 22대 국회의 잔여 임기가 길게 남았기에 국민의힘이 정상적 야당 역할을 잘 수행하는 것이 중요한데, 지금의 국민의힘 모습은 야당 역할 수행조차 불가능한 단순 이익 집단에 머물렀습니다. 국민의힘이 강성 지지층에 기대어 더욱 민주정당 체제에서 탈선하면, 집권 거대 여당이 된 민주당은 스스로의 힘을 제어할 이유를 잃게 되어 견제 장치 없이 폭주할 위험이 커졌습니다. 오로지 민주당 스스로의 선의(善意)에만 기댈 수밖에 없는 환경이 생기는 것이 염려스러웠습니다.

건강한 정치 생태계 형성을 위해서라도 국민의힘이 반드시 정상적 민주정당으로 회복하기를 바랐으나, 거듭된 노력에도 불구하고 제가 더 이상 할 수 있는 것이 남아 있지 않음을 깨달았습니다. 국민의힘을 정상화하려면, 원내지도부, 원내 의원, 지지층 중 한 곳에서 동력을 찾아야만 하는데, 그 어디에서도 동력이 보이지 않았습니다. 심지어 '분당'의 동력마저 남아 있지 않았습니다. 건강한 보수정당으로의 가능성이 남아 있지 않은 극단적 상황을 맞이하니, 국민의힘에 몸담고 있는 일이 국민께 송구한 일로 다가왔습니다.

탈당을 두고 긴 시간 많이 고민했습니다. 저를 뽑아준 유권자들은 모자란 저 하나를 보기보다는 국민의힘을 보았을 겁니다. 표를 주신 분들 입장에서는 심각한 배신으로 받아들일 것이었습니다. 비겁하거나 불명예를 싫어하는 저의 성향상, 탈당에 대해 더 많이, 신중하게 고민할 수밖에 없습니다. 그 고민의 끝은 단호함이었습니다.

"이미 더 이상 어찌할 수 없음을 보았고, 옳고 그름이 분명한 일에 좌고우면(左顧右眄)할 것이 아니다."

현충원 참배하며 선열께 감사와 존경을 올리며 "저의 능력 미력하나, 선열께서 수호한 대한민국의 이익을 위해 진정한 마음으로 노력하겠습니다."라고 인사한 후 탈당을 선언했습니다.

탈당 후 저의 선택지는 무소속으로 남거나, 새로운 당을 창당하거나, '더불어민주당'에 입당하거나, '개혁신당' 또는 '조국혁신당' 등과 함께하는 것이었습니다. 국회의원을 사직하고 정계 은퇴하는 것도 하나의 선택지였습니다. 하지만 당시 저는 저의 거취보다 중요한 것이 대한민국의 이 위기와 혼란을 극복할 지도자를 잘 세우는 일이라 믿었기에 선택을 뒤로하고 '누구를 21대 대통령으로 지지할 것인지'의 과제에만 집중했습니다. 저를 믿어준 국민께 저의 선택을 말씀드리는 것이 도리라 여겼습니다. 위기의 대한민국을 구할 지도자에 대한 진중한 고민 끝에, 더불어민주당 대표인 이재명 후보만이 후보자들 중 유일한 지도자의 자격이 있고 충분한 식견과 의지와 능력을 갖춘 분이라 믿게 되었습니다. 그것이 대한민국을 다시 반석 위에 올리는 길이라 생각하여 이재명 후보에 대한 지지 선언을 하고, 그의 당선을 위해 제가 할 수 있는 모든 것을 하겠다고 마음먹고 움직였습니다.

2025년 5월 광주, 저는 5·18을 맞아 광주에 있었습니다. 윤석열을 물리친 뒤 광주에서 맞이하는 5·18은 제게 특별한 의미와 감동입니다. 5·17 유족 기념식에서 태어나 가장 많은 눈물을 흘렸습니다. 민주묘지에 영면하신 민주 선배님들께 감사를 올리고 다짐했습니다. 민주 선배님들께서 형이 되고 누나가 되어 저를 보고 웃으며 격려하시는 것 같았습니다. 그리고 그날 밤 깊은 고민에 빠졌습니다.

새벽이 밝아오는 아침, 더불어민주당 입당을 결심했습니다. 민주당 입당이야말로 더 큰 시련을 스스로 맞이하는 가장 어려운 선택일 수 있습니다. 하지만 국민의힘이 정당 기능을 수행할 수 없어 민주당의 선의(善意)에 기대어 국정이 운영될 수밖에 없다면, 민주당이 선(善)하도록 민주당 안에서 민주당을 더 건강하게 지켜내는 것이 진정 국민을 받드는 역할이라고 생각했습니다. 또한 고 김대중 대통령님, 고 노무현 대통령님의 정신과 유지를 받들고 민주주의를 반드시 수호해 내겠다는 저의 다짐은 민주주의를 간절히 바랐던 민주당 선배님들과 맞닿아 있었습니다. 그런 결심으로 민주

선배님들께서 영면하신 광주 민주화묘지에서 민주 선배님들께 저의 결심을 마음으로 고하며, 민주당 입당을 선언했습니다.

국민의힘이 보수의 영역을 참칭함으로 인해 진보의 기능은 숨 막혀 쓰러지고 있습니다. 민주당이 민주주의와 실질적 법치와 시장경제 질서와 복지 사회의 가치를 지켜가는 건강한 보수의 기능을 수행함으로써, 진보의 영역에 다양한 진보적 가치가 발전적·창의적 도전을 시도할 수 있는 건강한 정치 생태계를 만들어가야 할 사명을 생각합니다. 이런 사명으로 참 '민주 보수'의 길을 선언합니다.

정치 경험이 짧은 정치 초년생이지만, 12·3 내란을 극복하는 과정에서 가슴에 다짐하게 된 원칙이 있습니다.

첫 번째, 공인은 공심(公心)이 우선이어야 합니다. 사심(私心)으로 사리사욕을 목적해서는 안 됩니다. 사리사욕에는 자리 욕심·명예 욕심·정치적 영향력 확대 욕심·시기심·경제적·사회적 욕심이 모두 포함됩니다.

두 번째, 옳고 그름, 즉 시비(是非)가 근간이고 이해(利害)는 가지에 불과하니, 사안마다 시비를 기준 삼아 구체적 판단 기준을 세워 판단하겠습니다.

세 번째, 길게 보아 잘되려 하기보다 오늘 하루 비겁하지 않게 최선을 다하겠습니다.

네 번째, 사람 마음이 다 내 마음 같지는 않을 것이니 욕심내지 말고 있는 그대로 존중하겠습니다.

다섯 번째, 늘 되돌아보고 겸손하며 타인의 다름에서 배움을 얻겠습니다.

지키기 어려운 다짐이지만, 지키려 노력하는 과정에서 발전이 있을 것이라 믿고 한결같은 걸음 걸어가겠습니다.

대한의 민주주의, 이제는 그 단어 하나만으로도 가슴이 벅차오르고 사명을 새기게 되는 귀한 단어가 되었습니다. 대한의 민주주의를 지키기 위해 '깨어 있는 주권자 국민의 행동하는 양심'이 함께해야 합니다. 고 김대중 대통령님과 고 노무현 대통령님의 정신과 유업을 생각하며 글을 줄입니다.

김상욱, 123일의 기록
12월 3일, 다시 깨어난 김상욱의 정치

초판 1쇄 발행 2025년 12월 3일

지은이 김상욱
펴낸이 김현종
기획총괄 배소라 **출판본부장** 안형태
편집 최세정 진용주 황정원 김수진 장진경 안선희
디자인 조주희 김연주 **마케팅** 김예리 신잉걸
방송사업·미래전략본부 정태준 문상철 이주리 백범선 남궁주철

펴낸곳 (주)메디치미디어
출판등록 2008년 8월 20일 제300-2008-76호
주소 서울특별시 중구 중림로7길 4
전화 02-735-3308 **팩스** 02-735-3309
이메일 medici@medicimedia.co.kr **홈페이지** medicimedia.co.kr
페이스북 medicimedia **인스타그램** medicimedia
유튜브 medici_media

© 김상욱, 2025
ISBN 979-11-5706-518-9 (03330)

사진 출처: 58쪽, 63쪽, 80쪽, 90쪽 ⓒ연합뉴스

이 책에 실린 글과 이미지의 무단 전재·복제를 금합니다.
이 책 내용의 전부 또는 일부를 재사용하려면 반드시 출판사의 동의를 받아야 합니다.
파본은 구입처에서 교환해 드립니다.